KB042113

사회주의란 무엇인가 외

WAS IST SOZIALISMUS?

사회주의란 무엇인가 외

WAS IST SOZIALISMUS?

에두아르트 베른슈타인 지음

·

송병헌 옮김

책세상

일러두기

1. 이 책은 베른슈타인의 다음 세 편의 논문을 옮긴 것이다.

　1) 〈과학적 사회주의는 어떻게 가능한가Wie ist wissenschaftlicher Sozialismus möglich?〉
　　(Berlin: Verlag der Socialistischen Monatshefte, 1901)

　2) 〈사회민주주의에서 수정주의의 의의Der Revisionismus in der Sozialdemokratie〉
　　(Amsterdam: Verlags-Gesellschaft Martin G. Cohen Nachfolger, 1909)

　3) 〈사회주의란 무엇인가Was ist Sozialismus?〉(Berlin: Verlag für Sozialwissenschaft
　　GmbH, 1918)

2. 주는 모두 후주로 처리했으며, 베른슈타인의 주는 '(저자주)', 옮긴이의 주는 '(옮긴이주)'
　로 표시했다. 해제의 주는 모두 옮긴이주이나 이를 따로 표시하지는 않았다.

3. 이탤릭체는 모두 베른슈타인이 강조한 것이다.

4. 이해를 돕기 위해 옮긴이가 본문 중에 보충하거나 따로 설명한 내용은 〔 〕안에 넣었다.

5. 주요 인명과 책명은 처음 한 번에 한해 원어를 병기했다.

아마 서구의 학계도 마찬가지일 테지만, 베른슈타인Eduard Bernstein의 저작 중 한국에서 읽히고 있는 것이라고는 《사회주의의 전제와 사회민주주의의 과제*Die Voraussetzungen des Sozialismus und die Aufgaben der sozialdemokratie*》가 거의 유일할 것이다. 우리가 베른슈타인을 이해하기 위해 이 저작부터 시작하고, 이 저작을 중심으로 탐구하는 것은 당연하다. 이 저작은 베른슈타인의 수정주의의 면모를 가장 체계적, 종합적으로 전달하는 그의 주저이기 때문이다.

그러나 베른슈타인은 위의 저작 외에도 많은 글을 썼으며, 그중에는 베른슈타인의 수정주의의 의미와 내용을 좀 더 풍부히 이해하는 데 매우 긴요한 중요한 저술이 적지 않은 것이 사실이다. 이 책에 담긴 베른슈타인의 세 편의 논문은 주로 사회주의라는 주제에 관련된 중요하고 잘 알려진 논문으로, 베른슈타인의 수정주의적 사회주의의 내용을 더욱 명확하고 풍부히 이해하는 데 도움을 준다.

첫 번째 논문 〈과학적 사회주의는 어떻게 가능한가Wie ist wissenschaftlicher Sozialismus möglich?〉는 이론의 과학성 문제를 흥미롭게 탐구한 것으로, 이른바 '과학적 사회주의' 대 '공상적 사회주의'라는 기존의 대비를 과감히 파괴하고자 한다. 베른슈타인이 진정으로 '과학적인' 이론의 본성으로 제시하는 개념은 이론의 '비편견'과 '개방성'이다. 베른슈타인이 보기에, 사회주의가 현실의 변화된 발전을 추적하고 대중의 변화된 상태와 욕구를 담아내기 위해서는 이론의 독단성에서 해방되는 것이 필수이다. 그렇게 될 때에만 사회주의 이론은 '과학적'인 동시에 실천적인 힘을 지닐 수 있다.

이 논문은 1901년에 처음으로 발표되었을 때 격렬한 논쟁을 불러일으켰다. 그만큼 이 글에 담긴 내용은 자극적이고 도발적이며, 그래서 또한 매력적이다. 물론 이 글에 담긴 베른슈타인의 모든 주장의 세부 사항들이 옳다고 생각하지는 않는다. 그럼에도 이 글의 중심 논제는 현재의 우리가 충분히 경청할 만한 내용을 담고 있다.

두 번째 논문 〈사회민주주의에서 수정주의의 의의Der Revisionismus in der Sozialdemokratie〉는 수정주의라는 표현의 등장 배경부터 수정주의적 사회주의 전략 문제에 이르기까지, 수정주의의 중심 내용을 포괄적으로 다루고 있다. 여기서 독자들은 수정주의의 등장과 관련된 흥미로운 배경에 관하여 많은 귀중한 정보를 얻게 될 것이다. 또한 마르크스주의의 근본 사유에 대한 베른슈타인의 관점을 좀 더 명확히 이해할 수 있을 것이다. 이어서 자본주의 경제 발전과 사회 계층 변화에 관한 유명한 수정주의적 관점이 요약되는데, 이 부분은 대체로《사회주의의 전제와 사회민주주의의 과제》에도 포함되어 있다. 두 저작의 관련 부분들을 비교하며 읽어도 유익한 결과를 얻을 수 있을 것이다. 아울러 이 논문에는 자본주의 경제 변화와 계층 구조 등을 나타내는 그림이 첨부되어 있다. 물론 1909년 이 논문이 처음 발표되었을 때 포함된 그림들이다. 이 그림들은 베른슈타인의 수정주의에 관련된 부분을 상징적으로 드러내고 있다.

이 논문 뒤에 부록으로 추가된 '사회민주당 강령의 이론 부분을 위한 원칙'은 베른슈타인이 사회민주당 강령 작성을 위한 하나의 지침으로서 추가한 것이다. 이 원칙에 포함된 내용의 일부는, 베른슈타인의 수정주의적인 다른 저작들의 표현들에 비해 훨씬 더 과격한, 어느 정도 '정통주의적인' 관점을 드러내고 있다. 따라서 이 원칙의 일부 내용은, 베른슈타인 사상의 일반적인 기조에 비추어볼 때 어느 정도 예외에 속한다고 할 수 있다.

세 번째 논문 〈사회주의란 무엇인가Was ist Sozialismus?〉는 짧지만, 사회주의 개념에 대한 본격적인 소개와 논의를 담고 있다. 이 글에서는 수정주의적 사회주의의 핵심 개념을 접할 수 있을 것이다. 이 논문의 앞부분에는 사회주의 개념의 역사에 관한 매우 가치 있는 언급이 담겨 있다. 이어서 베른슈타인은, 익히 알려진 그의 관점대로 사회주의를 자유주의의 이념적 계승자로 두고 있다. 그런 다음 사회주의와 노동 운동의 이데올로기들을 소개하고, 사회주의를 민주주의의 확대와 연결시킨다. 다음으로 베른슈타인은 사회주의 실현의 구체적인 방책으로서 '사회화' 문제를 제기한다. '사회화'에 관한 베른슈타인의 관점을 요약하면 이렇다. 그는 급속한 전면적인 사회화는 불가능하다고 본다. 대신 그가 제안하는 개념은 '통제'로서의 사회화라고 할 수 있다. 마지막으로 베른슈타인은 사회주의를 '연대성Solidarität'이라는 말로 표현함으로써 수정주의적 사회주의 개념의 핵심을 요약한다. '연대성'이라는 표현은 베른슈타인의 사회주의 관념을 이해하는 데 더없이 중요한 것으로서, 수정주의적 사회주의의 핵심을 압축적으로 전달한다.

이 책에 수록된 베른슈타인의 논문들을 통하여, 독자들은 좀 더 개혁적인 정신으로 가득 찼던 고전적인 민주사회주의의 핵심 명제들을 더욱 분명히 이해하게 될 것이다. 이러한 베른슈타인의 관점들이, 자본주의의 문제를 극복하려 했던 기존의 사회주의적 대안들을 다시금 반성적으로 성찰하게 하는 유익한 계기가 되기를 희망한다.

옮긴이 송병헌

제1장

과학적 사회주의는
어떻게 가능한가

서문

"모든 능력은 이익이나 즐거움을 직접적인 목표점으로 삼는다. 이에 반해 모든 지식은 진실에 대한 탐구를 목표로 한다. 양쪽 영역의 차이는 이 때문이다."

버클Th. Buckle, 《과학에서 여성의 영향

Der Einfluß der Frauen auf die Wissenschaft》

"모든 사회 개혁 정당처럼 사회주의도 기존 사회 질서의 명백한 불완전성에서 생동의 원천을 얻는다. 이 원천이 흐르고 있는 한, 사회주의를 위해 투쟁하는 정당, 곧 사회민주당은 사회민주주의 이론의 자기비판에 대해 아무것도 두려워할 것이 없다."

마자리크Th. G. Masaryk,

《현재 마르크스주의 내의 과학적·철학적 위기*Die wissenschaftliche*

und philosophische Krise innerhalb des gegenwärtigen Marxismus》

앞에 놓인 저작의 강연은 1901년 5월 17일에 베를린의 사회과학 연구회에서 했던 것이다. 저작의 기초 작업과 내 기억이 가능하게 하는 한, 앞서 말한 집회에서 강연한 내용을 그대로 정확히 여기에 반복하고자 노력했다. 34쪽의 결론 부분까지의 논의는, 단지 몇 군데 설명을 덧붙이며 내가 강연한, 상세히 씌어진 초고에 기초를 둔 것이며, 그 초고를 문체상 몇 군데를 수정한 것 외에는 아무것도 고치지 않은 채 수록했다. 이에 반해 두 번째 부분은, 강연 때는 물론 상당히 자세하기는 했지만, 다만 하나의 기획의 상태에 있던 것이다. 따라서 나는 두 번째 부분에 관해, 이 부분이 내 강연의 설명 아래 있는 사유 과정을 충실하게 따랐다는 점은 보증할 수 있지만, 이 부분에서 강연의 설명 그대로를 정확하게 반복했다고는 말할 수 없다. 소책자 형태의 출판임을 감안해 보충이 적절하다고 생각되는 부분은 주석과 짧은 보론[1] 형태로 첨가했다. 그러나 나는 이 소책자의 본문에, 집회에서 내가 근본적인 점에서 언급하지 않은 것은 의도적으로 아무것도 수록하지 않았다.

이 강연에 대한 몇몇 언론 비평은, 나에게 여기서 강력히 자제할 것을 촉구한다. 강연의 개별적인 구절들이 어떻게 이해되어야 하는지에, 또는 이 구절의 모든 경우에 내가 무엇을 생각하고 있었는지——나는 완전히 독심술을 하는 사람들과 관계하고 있기 때문에——를 놓고 나는 언론의 도전에 응할 시간이 없으며, 또한 솔직히 말해서 논쟁하고 싶은 마음도 없다. 강연의 경향에 관한 솔직한 오류——강연에서 표현된 말과 배치되기 쉬운——라면 강연의 출판본에서 정정할 수 있을 것이다. 그러나 악의적인 해석에 대해서는 어떤 수정도 도움이 되지 않는다.

강연에 대해서 제기될 수 있는 가장 중요한 이론적 반론을, 아돌프 바그너Adolph Wagner 교수가 강연에 뒤이은 논쟁에서 시사했다. 그는, 내가 제기한 문제는 본질적으로 과학 개념에 대한 용어상의 논쟁Wortstreit일 뿐이라고 설명했다. 용어상의 논쟁이 아니라 정의상의 논쟁Definitionsstreit이라고 말한다면, 그러한 지적이 형식적으로 정당하다고 인정할 수 있다. 실제로 내가 우선적으로 문제 삼은 것은, '과학적'이라는 개념의 경계 설정에 관한 것이다. 그러나 이 개념의 경계 문제 뒤에는, 내가 보기에는 일반적으로 이론적 사유의 경계 문제가 있으며——의식적이든 아니면 다른 이들처럼 무의식적이든——, 이것에 영향을 받는 한에서는 실천적 태도의 경계 문제가 있다. 나는 이 문제를 이 저작에서 다시 화제로 삼고 있으며, 여기서는 다만, 이 저작에서 다루고 있는 문제가 이미 오래전부터 내가 관심을 가져온 것이며, 또한 때때로 나에 의해 논쟁의 문제로 제시해온 것이라는 점을 언급하고자 한다. 이는 2년 전 빈의《디 차이트Die Zeit》지에 실린, 마르크스주의의 철학적, 사회학적 기초에 관한 마자리크의 저작에 대한 비평에서 살펴볼 수 있다. 나는 거기에서 이렇게 말했다. "'되어야만 하는 것was werden soll'에 관심을 가진 사회주의 이론과 같은 이론은 과연 어느 정도까지 과학일 수 있으며, 또한 과학일 필요가 있는가 하는 점에 대해 한번 정확하게 탐구한다는 것은 아마도 수고할 만한 가치가 있는 작업일 것이다"(《디 차이트》, 1899년 7월 15일).

이러한 탐구를 위한 한 걸음으로 이 강연이 받아들여지기를 바란다. 그리고 이 강연을 계기로 풍부한 결실의 토론이 펼쳐진다면 기쁘지 않을 수 없을 것이다.

1901년 5월 29일 그로스리히터펠데에서

에두아르트 베른슈타인

1

현재 광범위하게 확산된 사회주의 이론들 가운데 가장 영향력 있는 것, 즉 카를 마르크스Karl Marx와 프리드리히 엥겔스Friedrich Engels에 의해 형성된 학설 체계——오늘날 거의 모든 나라에서 투쟁하는 사회주의자의 대다수가 그들의 요구와 목적을 규정하는 것으로서 신봉하는——는 그 주창자들에 의해서 과학적 사회주의wissenschaftlicher Sozialismus라고 불린다. 여러분 대다수에게 알려져 있고 여러분 모두에게 알려지는 것이 당연한 한 저작, 즉 〈*공상에서 과학으로의 사회주의의 발전*Die Entwicklung des Sozialismus von der Utopie zur Wissenschaft〉——결코 적지 않은 가치를 지닌 논쟁적 저술인 엥겔스의 《오이겐 뒤링 씨의 과학의 변혁*Herrn Eugen Dührings Umwälzung der Wissenschaft*》[2]을 발췌한 것——에서 프리드리히 엥겔스는, 마르크스가 이루어낸 두 가지 발견, 즉 유물론적 역사관과 자본주의 경제의 *잉여가치 생산*이 폭로됨으로써 사회주의는 과학이 되었다고 말했다. 이것이 마르크스주의적 사회주의에 '과학적'이라는 칭호를 붙이는 것의 합당성을 시사한 최초의 자리는 아닐지라도, 가장 확실한 자리이다. 물론 이러한 시각이 담긴 글들은, 위 규정이 최초로 공표된 1877년 이전에 나온 그 밖의 사회주의 문헌들에서 여러 차례 발견된다. 늘상 카를 마르크스와 반목했던 독일 사회주의자로서 매우 뛰어난 재능을 지녔던 폰 슈바이처J. B. von Schweitzer 자신도, 마르크스의 주저 《자본론*Das Kapital*》의 첫째 권이 나왔을 때, 그 책을 다 읽은 후 스스로에게 "사회주의는 과학이다"라고 중얼거렸다고 썼다.

그럼에도 불구하고 마르크스주의 사회주의는 이러한 단축적 표현을 사용하여 스스로를 과학적이라 간주했던 유일하거나 최초의 사회주의 교의는 아니다. 여러분은 바로 마르크스 자신의 《자본론》 제1장의 주 24에서 *과학*이라는 말을 프랑스 사회주의자 프루동Pierre-Joseph Proudhon보다 더 마구 사용한 학파는 없었다는 내용을 읽을 수 있을 것이다. 그러나 마르크스가 이 저작을 썼을 때 프루동은 가장 영향력 있는 로만어계 사회주의자였다. 그럼에도 여러분이 프루동 전에 등장한 프랑스의 두 사회주의 학파인 푸리에Fourier 학파와 생시몽St. Simon 학파의 저작들을 읽거나, 영국으로 가서 로버트 오언Robert Owen 학파의 저작들을 읽는다면, 그곳에서도 과학 개념을 사용하는 비슷한 예를 매우 빈번하게 만날 것이다. 또한 라살Ferdinand Lassalle의 저술에서도 그 개념의 원용이 결코 결여되어 있지 않다. 대체로 19세기의 거의 모든 사회주의자들이 자신의 교의를 위해 이러저러한 방식으로 과학을 필요로 했다고 할 수 있다.

첫눈에, 이러한 일치는 우리의 의혹을 불러일으킬 만하게 보인다. 그러나 이 학파들은 사유 및 추론 방식에 있어 차이가 매우 크다는 것을 우리는 알고 있다. 프루동이 푸리에와 얼마나 격렬하게 싸웠던가, 그리고 바로 이 프루동에 대한 카를 마르크스의 비판의 회초리가 얼마나 강력했던가. 그러나 마르크스 자신도, 그가 다른 이들을 비난했던 것과 똑같은 이유——유토피아적이고 형이상학적인 개념 방식이라는——로 그를 비난하는 사회주의적 비판자들을 만났다. 새로운 사회주의적 마르크스 비판자들은 말할 것도 없고, 오늘날에는 거의 잊혀졌으나 당시에는 상당한 역할을 했던 박식한 프랑스 사회주의자 폴 브루스Paul Brousse 박사는 유토피아적 성격을 이유로 마르크스를 여러 차례 비난했으며, 마지막으로 한 추도사에서 마르크스를 위대한 마지막 공상주의자 Utopist로 묘사했다. 한결같이 과학이라 주장하는 사회주의자들 사이에 그렇게 큰 견해 차이가 있다면, 그리고 이러한 차이가 실제로 그리한 것처럼, 단순히 표면적인 차원이나 부차적인 적용에 관련된 것이 아니라 많은 경우 교의의 뿌리에까지 닿아 있는 것이라면, 그들 모두 아마도 옳지 않을 것이라는 생각, 그들 중 누구도 '동화 속의 반지'를 요구할 권리가 없다는, 누구도 자신의 사회주의를 과학적이라 칭할 권리가 없다는 생각은 누군가가 말해야 하는 것이 아닌가?

그럼에도 불구하고, 우리가 이러한 이론들 간의 투쟁을 제쳐두고, 학설들 간의 존재 투쟁에서 오늘날 승리자로 서 있는 교의, 즉 마르크스주의만을 지지한다면, 우리는 거기서 비판적 정신으로는 의아하게 생각하기 쉬운 지점에 직면한다.

프리드리히 엥겔스는 사회주의의 과학성을 두 가지 이론적 주장에서 추론했으며, 그중 하나가 잉여가치설임을 우리는 이미 보았다. 엥겔스는 이렇게 쓰고 있다. "미지불 노동의 점유가 자본주의적 생산 양식과 이에 의해 실현되는 노동력 착취의 기본 형태라는 것, 자본가는 노동력이 상품으로서 상품 시장에서 갖는 가치만큼을 모두 지불하고 노동력을 구매하는 경우에도 지불한 것보다 더 많은 가치를 노동력에서 짜낸다는 것, 그리고 이 잉여가치가 결국은 유산 계급의 손에 축적되면서 부단히 증가하는 자본량의 원천이 되는 가치액이라는 것이 증명되었다. 그리하여 자본주의적 생산과 자본 생산의 과정이 설명되었다."3

여기에서 사람들은, 잉여가치를 과학적으로 증명하는 것과 사회주의 사이에 내적인 연관이 존재하지 '않을 수 없는 sollen' 것처럼—— 잉여가치라는 사실로부터 사회주의의 필연성이 따라 나오는 식으로—— 받아들이기 쉽다. 그러나 우리는 마르크스와 엥겔스에게서 이러한 주장에 반대되는 상당히 많은 문장들을 발견한다. 이러한 예에 속하는 가장 날카로운 표현은 1884년 발간된《철학의 빈곤*Das Elend der Philosophie*》독일어판에 엥겔스가 쓴 서문에 있다. 거기에서 엥겔스는, 사회주의가 잉여가치라는 사실로부터 과학적으로 따라 나온다는 견해에 강력히 반대했다. 마르크스의 언급을 지적하면서 엥겔스는, 그러한 견해는 "단순히 *도덕을 경제에 적용한 것*에 불과하기" 때문에 경제적 관점에서 오류라고 설명한다. 부르주아 경제학의 법칙을 따른다면, 생산물의 압도적인 부분이 그것을 생산한 노동자들에게 귀속되지 않는다. "우리가 지금 그것은 부당하고, 그러한 것은 존재해서는 안 된다고 말한다고 해도, 이런 이야기는 경제학과는 아무런 직접적 관련이 없다." 엥겔스는 계속 말한다. "우리는 다만, 이와 같은 경제적 현실이 우리의 도덕적 감정에 위배된다고 말하는 것에 불과하다. *따라서 마르크스는 결코 그의 공산주의적인*

요구들을 이러한 토대 위에 정초시키지 않고, 반대로 필연적이며, 우리의 눈앞에서 날마다 더욱더 증가하는 규모로 실현되어가는 자본주의적 생산 양식의 붕괴라는 토대 위에 정초시키고 있다. 즉 그는 단지 잉여가치는 미지불 노동으로부터 성립된다고 말할 뿐인데 이것은 하나의 단순한 사실이다."⁴

이 문장은 전에 인용된 부분과는 너무도 달라 보이기 때문에, 독자들은 우선, 여기에는 해결할 수 없는 논리적 모순이 있는 듯한 인상을 받는다. 잉여가치설이 사회주의의 두 개의 과학적 지주支柱 가운데 하나임은 명백하다. 그리고 우리는 엥겔스를 통해, 그가 이 구절이 담긴 저작을 인쇄하기 전 초고 상태에서 마르크스에게 낭독해주고 마르크스와 함께 충분히 토론했다는 것, 그리하여 그 저작은 이른바 마르크스의 승인을 받았다는 것을 알고 있다. 그런데 이제 잉여가치 명제가 사회주의를 입증할 능력이 없는 것으로 설명되고 있다. 이러한 설명은 잉여가치설과 관련해 그 논리의 생존 기반을 빼앗는 것처럼 보인다.

아마도 누군가가 다가와서, 마지막으로 인용된 문장에 대한 엥겔스의 정당화를 반박할 수도 있을 것이다. 마르크스와 엥겔스의 사유 방식의 커다란 차이를 확인하고자 하는 시도들이 충분치 않았던 것은 사실이지만, 그럼에도 불구하고 그러한 시도들이 지나친 강조로 끝날 때는 대체로 실패하게 마련이라는 것이 내 의견이다. 엥겔스가 결코 마르크스의 완전한 해석일 수 없었던 영역이 존재한다. 그러나 앞에 놓인 경우에 대해서 이것이 해당된다고 보기는 어렵다. 거의 틀림없이 동일한 견해를 말하는 마르크스의 많은 표현들을 우리는 본다. 엥겔스가 원용한 인용 문장[5] 또한 엥겔스와는 다른 의미를 허용할 수도 있다. 그러나 우리는 《자본론》에 다음과 같은 구절이 있음을 이미 알고 있다. "노동력(임금 노동자의) 사용이 하루에 창출하는 가치가 노동력 자체의 하루 가치의 두 배라는 사실—— 거기서 설명된 예에서—— 은 구매자에게는 특별한 행운이지만 *판매자, 즉 노동자에 대한 부정의는 결코 아니다.*"[6] 또는 마르크스가 고타 강령의 기획에 관해 쓴 서한[7]에서 "그것—— 오늘날의 노동 소득의 분배——이 실제로 오늘날의 생산 양식의 기초 위에서는 유일하게 '공정한' 분배 형태가 아닌가?"라는 문장을 읽는다면, 그리고 이러한 문장을 따라, 완전한 공산주의를 제외한 모든 사회 형태에서 노동 보수와 노동 수행 사이에 필연적으로 양적 차이가 존재할 수밖에 없다는 증명을 읽는다면, 우리는 엥겔스의 언급이 마르크스의 관점을 올바로 보여주고 있다는 사실을 더 이상 의심하지 않게 될 것이다.

그러나 사회민주주의의 대중적 문헌과 심지어 엥겔스에게서 나왔거나 그와 마르크스의 전폭적인 지지를 받은 저술들에서 잉여가치라는 사실이 사회주의를 지지하기 위한 논거로서 결정적으로 사용된다면, 《자본론》에 나오는 잉여가치는 다시금 착취Ausbeutung를, 인간 대 인간의 관계에 관련된 것으로서 보다 도덕적으로 비난받을 만한 이용을 의미하는, 은폐된 형태의 강탈——'강탈물Beute'이라는 단어의 어원적 의미가 이미 시사하고 있지만——을 의미하는 것으로 불리게 될 것이다.

그렇다면 이제 이것은 인용된 엥겔스의 발언과 어떻게 조화되는 것인가? 엥겔스의 그 발언에 뒤따르는 다음 문장은 이 문제에 관한 하나의 시사점을 제공한다.

"그러나 경제학적 규정에 따라 잘못된 것도 세계사적으로는 옳은 것일 수 있다. 만일 대중의 도덕적 의식이 당시 노예제나 강제 노동과 같은 경제적 사실을 정의롭지 못한 것으로 선언한다면, 그것은 그 경제적 사실 자체가 이미 시대에 뒤떨어진 것이며, 그리고 *다른 경제적 사실이 나타났으며*, 따라서 전자는 지탱될 수 없고 유지될 수 없음을 보여주는 증명이다. 규정에 따른 경제적 관점에서 옳지 않은 것 뒤에는, 또한 *매우 진실된 경제적 내용*이 숨어 있을 수 있다."

즉 사회의 사회주의적 변혁에 유리한 근거가 되는 것은 잉여가치라는 사실 그 자체가 아니라, 대중이 잉여가치에 가하는 비난이라는 것이다. 착취에 대한 대중의 비난은 기존 질서가 지탱될 수 없음을 보여주는 증거이며, 이렇게 표현해도 된다면, 기존 상황의 지탱 불가능성을 가리키는 지표이자, 또한 이 지탱 불가능성을 잉여가치 취득에서가 아니라 *다른*

*경제적 사실*에서 찾아야 함을 보여주는 지표이다.

만일 이것이 옳다면, 내가 보기에 그것은 잉여가치의 폭로를 통해 사회주의가 과학이 되었다는 논제를 뒤엎는 것이다. 잉여가치설의 업적이 과학적으로 아무리 높고 이론적으로 논쟁의 여지가 없는 것이라고 해도, 여기서 제시된 이론적 설명을 따르면 잉여가치의 발견은 사회주의를 위한 과학적 증명 능력을 모두 상실하게 되는 것이다. 이러한 설명을 따르면 실로 잉여가치의 발견은 기존 사회를 반대하는 과학적 증거로 결코 간주될 수 없다. 노예 노동에서 노예는 자신이 소비하는 것보다 더 많은 것을 생산해야 한다는 사실이 발견되었다고 해서 그것이 노예제에 기초한 사회 질서에 반대하는 과학적 증거가 될 수 없는 것과 마찬가지이다.

덧붙여 말하자면, 마르크스의 잉여가치 규정과 관련해 '발견Entdeckung'이라는 표현이 커다란 오해를 불러일으키는 것이라 생각한다. 마르크스보다 한참 앞서서 잉여가치라는 것이 이미 알려졌음은 대체로 인정되는 사실이다. 그리고 그것이, 노동자가 완성된 상품의 시장 가치와 원료 및 도구의 마모분 등을 더한 가격과 임금의 차액을 노동자가 완전히 받지 못한다는 상황을 확인하는 문제였던 한, 그 발견이 전혀 특별한 것으로 보이지 않는다는 점을 나는 인정할 수밖에 없다. 마르크스의 저작에서 잉여가치 관련 부분이 갖는 중요성은, 자본주의 경제의 잉여가치 *생산의 종류와 방법*, 그리고 잉여가치 생산이 사회 발전에 미치는 결과의 *발견*과 그것에 대한 깊이 있는 *분석*에 있다. 내가 볼 때, 잉여가치의 결론을 마르크스가 시도했듯이 모든 점에서 수용할 것인가의 여부는 마르크스 관련 탐구의 가장 위대한 부분에 존재하는 인식 가치와는 거의 무관하다. 오늘날 마르크스의 잉여가치설의 출발점, 즉 가치를 시간으로 측정한 인간의 노동량으로 환원하는 것을 전혀 수용하지 않고, 대신 영국–오스트리아 학파의 한계효용–가치학설Grenznutzen-Wertlehre에 동의하는 사회주의자들이 상당히 많다는 것은 여러분에게 어느 정도 알려져 있다. 그러나 그럼에도 불구하고 이러한 사회주의자들은 오늘날 노동자들이 착취받고 잉여 노동을 수행하지 않을 수 없다는 사실을 마찬가지로 인식하고 있으며, 다만 이들은 이들의 견해에 따르면 조금 덜 형이상학적인 다른 방식으로 증명을 할 뿐이다.[8] 실로, 착취를 증명할 때 전적으로 가치론에 의존하는 것을 오류라고 설명하며, 어떤 가치 이론 없이도 생산 이론과 잉여 생산에서 착취를 이끌어내는 이들도 있다. 이러한 한 예가, 이탈리아 바리의 안토니오 그라치아데이Antonio Graziadei 교수가 쓴 언급할 만한 책《자본주의적 생산*La Produzione Capitalistica*》이다.

그러나 다시 우리의 주제로 돌아와 엥겔스의 논의를 보기로 하자. 엥겔스에 따르면, 잉여가치에 대한 대중의 도덕적 분노에서, 즉 잉여가치를 착취로 비난하는 것에서 우리는,

*다*른 경제적 사실이 오늘날 잉여가치에 의존해 있는 경제 질서를 견딜 수 없고 지탱할 수 없는 것으로 만든다는 지표를 발견하게 된다고 한다. 그 사실이란 무엇인가?

앞서 제시된 부분에서 엥겔스는, 마르크스가 자신의 공산주의적 추론을 우리의 눈앞에서 더욱 진행되어가는 필연적인 자본주의 생산 양식의 붕괴Zusammenbruch 위에 정초시켰다고 설명한다. 이 견해와 관련해, 즉 붕괴에서 사회주의를 이끌어내는 관점과 관련해, 아마 여러분이 아는 바와 같이 몇 년 동안 사회민주당의 이론적 경향을 지닌 당원들 사이에서 매우 격렬한 논쟁이 벌어졌으며, 대체로 마르크스 학파에 뿌리를 둔 사람들 사이에서 상당한 의견 차이가 나타났다. 나 자신이 그 논쟁의 당사자이기 때문에 여기서 그 논쟁에 관해 더 상세히 파고들지는 않으려 한다. 다만 그 논쟁에서 이러한 붕괴를 어떻게 이해해야 할 것인가에 관해 두 가지 이상의 견해가 개진되었다는 사실을 언급하는 데 그칠 것이다. 그리고 여러분이 방금 내가 읽은 엥겔스의 말을 자세히 숙고해본다면, 여러분도 그것을 이해할 것이다. 이러한 문맥에서 '필연적notwendig'이란 무엇을 의미하는가? '자본주의 생산 양식의 붕괴'란 무엇인가? 이러한 구절에서 사람들은 불가피한 경제적 붕괴, 거대한 경제적 파국을 생각할 수 있을 것이다. 그러나 또한 자본주의 생산 양식에 바탕을 둔 사회 질서의 거대한 붕괴를 생각할 수도 있을 것이다. 또한 중간적인 각양각색의 다양한 조합도 생각할 수 있을 것이다. 그렇다면 붕괴가 *필연적인* 것으로 입증되는가? 붕괴가 과학적으로 입증될 수 있는가? 혹은, 붕괴란 어쩌면 다소 그럴듯하게 보이는 가정에 불과한 것은 아닌가? 더 나아가, 자본주의 생산 양식의 붕괴에서 이미 사회주의의 과학적 필연성이 추론되는 것인가? 이러한 것들이, 우리가 사회주의의 과학성을 고수하기를 원한다면 반드시 답해야 하고 그 영향의 파장에 관해 명백한 관점을 가져야 하는 모든 질문이다. 모든 역사적 경험과 오늘날의 많은 현상들은, 자본주의 생산 양식이 이전 생산 양식처럼 덧없는 것임을 보여준다. 그러나 여기서 문제가 되는 것은 그 종말이 붕괴인가 하는 것, 이 붕괴를 가까운 미래에 기대할 수 있는가 하는 것, 그리고 그것이 *필연적으로* 사회주의로 이어지는 것인가 하는 것이다. 그리고 이러한 문제, 혹은 문제들에 대해서 사회주의자 측에서 제시된 답변들은 매우 대립적인 양상을 보인다.

그 밖의 사회주의자들이 사회주의를 위한 증거를 추론하기 위해 사용하는 여러 가지 다른 가설과 연역의 경우에도 사정은 마찬가지이다. 나는 여러분들에게, 라살이 당시 자신의 선동의 근거로 내세웠던 토대인, 이른바 '철과도 같이 경제적으로 관철되는 임금 법칙ehernes ökonomisches Lohngesetz'[9]의 운명을 상기시킬 수 있을 것이다. 이것만큼 완강히, 열렬히 신봉되었던 경제학설은 거의 없다. 오랫동안 이 학설은 현대 노동 운동의 표어, 즉 현대 노동 운동의 훌륭하고 충직한 투사들에게 그들의 정신적인 힘의 원천이 된 신조였다. 그런데 어느 날, 이 '법칙'은 존재하지 않고, 그것의 기초가 비과학적인 것으로 간주되어, 우리의 강령에서 사라져야만 한다는 것이 확고하게―― 거칠게 말한다면―― 선언됐다. 내가 올바로 알고 있는 것이라면, 당시 많은 용감한 투사들은 이 새로운 해석을 받아들이기 위해서 치열한 내적 투쟁을 겪어야 했지만, 그러나 어쨌든 그러한 일이 일어났다. 오늘날 그 '법칙'은 극복된 것으로 간주된다. 즉, 내가 볼 때 그것은 옳다기보다는 극복된 것으로 간주된다. 아무도 더 이상 그것에 관해 말하지 않는다. 나아가, 노동자의 경제적 상태가 자본주의 발전 과정에서 필연적으로 더욱 나빠지게 된다는, 즉 더욱 궁핍해지게 된다는 견해, '궁핍화 이론Verelendungstheorie'이라 표현되는 견해에 대해서 한번 생각해보도록 허락해주길 바란다. 이 견해는 한때 광범위하게 확산되었으며, 거의 과학적 기초를 지닌 것처럼 보였다. 이 견해는 〈공산당 선언〉의 영향을 반영하고 있으며, 많은 젊은 사회주의자 세대의 저술에서도 반복되고 있다. 그러나 오늘날 이 견해 역시 기각되었다. 그리하여 산업과 농업의 발전이 일치한다고 보는 견해, 자본가 계급의 융합에 관한 견해, 노동의 차이가 사라진다는 견해, 이와 같이 과학적이라고 규정되었던 일련의 이론 모두는 오류로, 아니(너무 극단적으로 규정하지는 말아야겠다) *부분적*

*인 진실만을 지닌 것*으로 판명되었다.

그러나 부분적 진실이란 때로는 완전한 오류보다 과학성에 더욱 나쁜 영향을 미칠 수 있다. 그리하여 우리는 사회주의 대변자들이 사회 현상에 대한 판단에서 위에서 제시한 것과 같은 변화된 입장을 보였다는 점에서── 엥겔스가 언급한, 과학적 사회주의의 또 다른 기초인 유물론적 역사관 역시 이러한 운명을 감내해왔다──, 이를테면 과학적 관점에서 사회주의가 파산했다는 세간의 악평에 동의하고 싶은 마음이 들 수도 있다. 비록 우리가 실천적 운동의 측면에서 사회주의가 지속직으로 싱장히는 것을 눈앞에서 보고 있고, 사회주의 정당들이 거의 모든 나라에서 연이어 성공을 거두었으며, 노동 운동이 잇따라 중요한 지위를 획득하고, 스스로 설정한 분명한 목적 위에서 더욱 확고하게 나아가고, 노동 운동의 요구들을 더욱 분명하게 규정하고 있는 반면 과학의 영역에서 사회주의는 더 큰 이론적 통일이 아니라 분열에 직면해 있는 듯이 보이며, 사회주의의 대변자들은 확신이 아니라 혼란과 의혹에 사로잡혀 있는 듯이 보인다. 그리고 만일 우리가 하나가 다른 하나를 어떻게 방해하지 않는 것인지 생각해본다면, 사회주의와 과학 사이에 과연 내적 연관이 존재하는 것인지, 과학적 사회주의란 *가능한möglich* 것인지, 그리고──사회주의자로서 내가 덧붙이고 싶은 질문이지만──과학적 사회주의가 진정 *필요한nötig* 것인지 하는 질문들이 당연히 제기될 것이다.

이러한 질문이 제기된 것이 처음이라고 생각하지 않기 바란다. 여러 다른 나라에서 박식한 사람들이 이 문제와 씨름해왔으며, 또한 여러분의 강연자도 이미 몇 년 전에 이 문제를, 물론 약간 다른 표현을 사용해 제기했다. 그리고 위에서 제시되었듯, 이 문제 역시 그렇게 간단히 규정될 수 있는 것이 아니다.

여기서 다른 분야의 한 예를 상기하는 것을 허용해주기 바란다. 18세기 중엽에 엄청난 혼란이 철학의 영역을 지배했다. 사람들은 더 이상 서로를 이해할 수 없는 듯이 보였다. 그런 상황에서 이마누엘 칸트Immanuel Kant가 1781년 쾨니히스베르크에서 순수 이성에 대한 비판을 가지고 등장했다. 이 비판의 우선적인 목적은, 철학의 가능한 과제에 대해 자성하고 이성적인 철학 작업의 한계를 인식하도록 권고하고 가르치는 것이었다. 그리고 그 책이 무척 난해한 문체와 구성 때문에 즉시 이해되지 못하자, 1783년 그것의 주요 사상을 좀 더 알기 쉬운 형태로 소책자에 담았으며, 거기에 '과학으로서 등장할 수 있는 미래 형이상학 서설'이라는 제목을 붙였다. 이 책자에서 그는 필요한 배경 해설에 이어 두 가지 문제를 제기한 뒤, 날카로운 개념 분석과 함께 이 문제들에 대해 차례차례 답하고 있다. 첫 번째 질문은, 형이상학은 과연 어떻게 가능한가이다. 두 번째 질문은, 과학으로서의 형이상학은 어떻게 가능한가이다.[10] 이 위대한 철학자의 선례는 우리에게, 앞에 놓인 문제들에 대한 만족스러운 해결에 이르기 위해서는 무엇을 해야 하는지를 알려주는 하나의 지침이 될 수 있을 것이다. 물론 우리는 칸트가 제시한 것과 똑같은 방식에 전적으로 의존해 문제를 제기해서는 안 되며, 반대로 그 질문의 형태를 우리가 관계하는 대상의 다른 성질에 맞추어야 할 것이다. 그러나 우리는 그 문제를 칸트와 동일한 비판 정신 안에서, 즉 모든 이론적 사유를 좀먹는 *회의주의*뿐만 아니라 어느 때라도 등장할 수 있는 *독단주의*에 대해서도 명백히 반대하고 있는 그러한 동일한 정신에서 제기해야만 한다. 우리는 먼저, 도대체 사회주의라는 말을 어떻게 이해해야 하는가, 언제 사회주의와 과학의 관련을 이야기할 수 있는가 하는 문제를 분명히 알아야 할 것이다. 그런 다음 과학적 사회주의는 가능한가, 그리고 그것은 어떻게 가능한가 하는 문제로 넘어갈 것이다.

사회주의란 무엇인가? 이 질문에 대해 매우 다양한 대답이 가능하다. 그러나 우리의 탐구를 위해서 우리는 단지 특정한 사회 질서의 구상과 관련된 것만을 고려할 수 있을 것이다. 그러한 것은 두 그룹으로 나누어질 수 있다. 사회주의는 특정한 사회 질서에 관한 상像이며 구상이자 학설이라고 말할 수 있다. 또한 우리는 사회주의를, 특정한 사회 질서를 향한 운동으로 파악할 수도 있다. 그러나 상태로 파악되든, 학설로 파악되든, 운동으로 파악되든, 사회주의는 그 안에 *이상*

주의적 요소──이러한 이상 자체이든 그 이상을 향한 운동이든──를 포함하고 있다. 따라서 사회주의는 *저편Jenseits*의 한 부분이다. 물론 우리가 살고 있는 이 행성의 저편이 아니라 우리가 실증적으로 경험하는 세상의 저편에 있는 것이다. 사회주의는 되어*야만 하는* 어떤 것이거나, 되어*야만 하는* 어떤 것을 향한 운동 가운데 있는 것이다. 그것은 심지어 사회주의의 보수적 체제들[11]에도 해당하는 것이다. 그럼에도 불구하고 우리는 그런 체제들에 대한 고찰을 배제하고자 하며, 또한 그렇게 할 수 있다고 생각한다. 왜냐하면 그러한 체제들은 사회주의라는 이름을 오도하는 것이기 때문이다. 모든 개념의 혼란을 피하려면, 사회주의라는 말을 대단히 막연한 '*사회societas*=Gesellschaft'라는 개념이 아니라 훨씬 더 명확한 개념인 '*동지socius*=Genosse', 즉 '*협동적 관계Genossenschaft*'라는 개념에서 도출하는 것이 더 나을 것이다. '사회적gesellschaftlich'이라는 말은 모든 가능성을 포함하는 것이다. 그래서 '사회적'이라는 말에서 추론할 경우에는 현재의 사회주의 노동당이 원하는 것과 근본적으로 차이가 나고, 이것과 일치하지 않는 노력에 대해 '사회적sozial, 사회주의적sozialistisch'이라는 개념을 적용하는 것이 필요하게 될 것이다. 그러나 사회주의적 노동당의 요구는 '협동적 상태Genossenschaftlich'라는 개념의 틀과 정확히 부합한다. 그리고 이러한 의미에서 나는 당시 사회주의를 '협동적 상태를 향한 운동'으로 규정했으며, 앞으로도

이러한 의미로 사용할 것이다.

과학적 사회주의에 관해 말한다면, 그것은 언제나 단지, 사회주의적 노력과 사회주의적 *요구들*, 이 요구들의 기초에 있는 *이론*과 관계되는 것이다. 대중적 현상으로서의 사회주의 운동은 사회주의 이론의 대상이다. 사회주의 이론은 사회주의 운동을 이해하고 설명하고자 하며, 또한 사회주의 운동을 옹호하고 나아가 그 이론의 내용을 가르치고자 한다. 그러나 명백히, 독일 농민 전쟁이나 프랑스 혁명이나 다른 어떤 역사적 투쟁들이 과학적 운동이 아니었듯이 사회주의 운동 역시 과학적 운동이 아니라는 것은 명백하다. *과학*으로서의 사회주의는 *인식*에 바탕을 두고 있다. 운동으로서의 사회주의를 추동하는 우선적인 동기는 바로 이해이다. 그런데 여기서 명확히 언급해야 할 점은, 이때 *이해*라는 것이 오직 개인적인, 즉 경제적인 사적 이해만으로 이해되어서는 안 된다는 점이다. *도덕적*(사회적으로 민감하게 느끼는), *이상주의적인* 이해 역시 존재한다. 그러나 *이해가 없다면* 어떤 *사회적 행동*도 나타날 수 없다. 인식이 이해를 일깨우거나 이끌 수는 있지만, 어떤 이해와 긴밀히 연관되어 융합되어 있지 않는 한 인식은 외부를 향해 '행동을 추동하지는 않는다.' 이해의 편에서 보면, 물질적이거나 이데올로기적인 이해가 인식을 촉진시킬 수 있고 인식의 확대에 봉사할 수 있다. 그러나 인식이 이해의 목표를 강화하거나 적어도 그것을 억제하지 않는 한에서만 이해는 이런 일을 의식적, 의도적으로 행할 수 있다. 따라서 인식의 견인차로서의 과학과 정치적, 경제적, 관념적 이해 사이에는 언제나 어떤 모순이 있을 수 있다.

2

엥겔스는 현대 사회주의를, 현재 사회에 존재하는, 소유자와 무산자 간의, 부르주아와 임금 노동자 간의 *계급 투쟁*의 결과로 묘사한다. 계급 투쟁이 결코 그 자체로 과학적 인식의 순수한 운동일 수 없다는 것은 분명하다. 계급 투쟁은 *이해*의 투쟁이다. 비록 어떤 이해가 투쟁을 이끌기 위하여, 원래는 단지 우연적인, 단지 국부적이고 직업적으로 이루어질 뿐인 부수적인 일들을 중심으로 전개되는 소유자와 무산자 간의 투쟁에 대한 관념을 보편적인 역사적 투쟁의 관념으로, 심지어 사회적 관계에 대한 상당히 진보된 인식으로 전제한다고 할지라도, 계급 투쟁은 언제나 우선 한 계급이나 정당의 이해 관철을 중심으로 이루어지는 투쟁이지 인식상의 명제에 관한 것이 아니다——그것이 설령 그러한 인식과 관련해 전개된다고해도 이는 단지 그러한 인식이 이해와 일치하는 한에서이다. 여기에, 사회주의는 경제적, 정치적 영역에서 노동자들이 소유자를 상대로 전개하는 투쟁의 주요 요구 사항들을 단순히 나열한 것 이상이라는 점을 덧붙여야겠다. 교의로서의 사회주의는 이러한 투쟁의 이론이다. 운동으로서의 사회주의는 자본주의 사회 질서를 집단적으로 규제되는 경제로 변혁한다는 특정 목적과 관련된 투쟁의 결집이다. 그러나 이 목적은 이론에 의해 미리 규정되어 있어 그 실현이 숙명론적으로 기다려지는 것이 아니라, 그것을 실현하기 위해 *투쟁이 이루어지는*, 높은 수준에서 *소망되는* 목적이다. 그럼에도 사회주의는, 그러한 미래상을 목적으로 설정한다는 점에서, 그리고 현재의 행동을 이러한 목적의 고려에 기초한 것으로 본다는 점에서 유토피아적 이상주의Utopismus의 한 부분에 필연적으로 결합되어 있다. 나는 이러한 규정이 자명하다고 생각하는데, 이는 유토피아적 이상주의가 불가능한 것이나 있음직하지 않은 것을 추구한다는 의미에서가 아니다. 다만 이렇게 말함으로써, 사회주의가 그 속에 관념적 이상론의 어떤 요소를 포함하고 있다는 점, 과학적으로 입증할 수 없거나 과학적으로 확인할 수 없는 어떤 부분을 포함하고 있다는 점을 강조하고자 할 뿐이다. 여기에서 문제가 되는 과학——사회학——은, 엄밀한 과학들이 특정 현상을 미리 결정하는 확신성을 가지고 사회주의가 추구하는 사회 질서에 관해서 그것이 모든 상황에서 가능하다고 예언할 수 없다. 여기서의 과학은 다만, 그러한 질서가 도래하리라 추정케 하는 조건들을 발전시킬 수 있을 뿐이며, 그러한 질서의 가능성 정도를 개략적으로 평가할 수 있을 뿐이다.

무조건적인 확실성으로 확인할 수 없는 사회주의의 어떤 요소는 결코 사회주의 이론의 결함으로 규정되어서는 안 된다. 엄밀한 과학 중의 가장 엄격한 과학도 가설 없이는 발전이 불가능하듯이, 사회 발전의 영역에 적용되는 사회학도 가정에 의한 미래 발전을 '미리 그리는 것' 없이는 불가능하다. 그리고 그러한 '미리 그리기'는 어느 정도까지는 언제나 유토피아이다. 이미 지적했듯이, 나는 이 말을 터무니없이 몽상적인, 비현실 세계로 도피하는 공상과 같은 의미로 사용하는 것이 아니다. 물론 이 말은 빈번히 이러한 의미로 사용된다. 그러나 그 말을 단지 그러한 의미로만 이해한다면, 그것은 그 말을 로버트 오언, 앙리 생시몽, 샤를 푸리에 같은 이들과의 관련 속에서 생각하는 세상에 대해, 통상 우리가 19세기의 위대한 세 명의 공상적 사회주의자들로 언급하는 현대 사회주의의 이 선구자들에 대해 지극히 부당한 일일 것이다.

엥겔스는 이미 인용한 저술에서, 당시 그의 적대자였던 뒤링의 경우에 국한된 것이 아닌 아류적인 경멸적 비판에 맞서 위의 사회주의자들을 옹호하는 데 커다란 공헌을 했다. 엥겔스는 그들을 회상하면서 경의를 표했으며, 실제로 우리는 저 '공상적 사회주의자들'에게서 오늘날에도 여전히 배울 수 있다. 또한, 현실의 세력과 과정에 대한 날카로운 안목에 기초한, 생명력 있는 요소를 고안해내고 의미 있는 발견을 선취

할 수 있는 *창조적 공상*과 상상력이 존재한다.[12]

만일 우리가 현실주의자라는 말을 현재의 순간만을, 가장 가까이 있는 것만을 지향하는 편협한 속물이 아니라, 나날의 흐름을 뒤쫓는 동시대인들보다 자신의 시대 문제를 더 깊이 근본적으로 추적하고 인간의 행동을 결정하는 힘들을 해명하고 탐구하기 위해 더 날카로운 시선을 지닌 사람들로 이해한다면, 오언, 생시몽, 푸리에는 당시에 대단히 주목할 만한 *현실주의자*였다. 오늘날 우리에게는 커다란 순진성의 산물이자 공상적인 것으로 보이는 그들의 이론과 실천적 제안의 많은 부분은, 그러나 그들의 시대에서 볼 때 그 순진함의 정도가 매우 낮은 것이었으며, 그들이 처해 있던 관계 및 그들이 관계했던 힘들과 일치하는 것이었다.[13]

오언부터 시작하자. 오언은 당시의 진보적 철학자들의 교의에 깊이 몰두함으로써, 그리고 산업에서 기술 혁신이 미친 사회적 영향을 관찰함으로써, 유물론적 역사관과 대단히 유사한 〔자신의〕 역사관에 도달했다. 어느 정도 과장이 섞여 있으나 근본적으로 철저히 합리적인 명제, 그가 지침 없이 계속 전파하려 했으며 그의 사회 개혁을 위한 제안의 출발점을 이루었던 명제, 즉 *인간의 성격은 그에 의해서가 아니라 그에 대해서 형성되는 것이다*라는 명제——인간의 성격과 행동은 출생 시에 그의 부모에게서 전해지고 전수된 성향과 그를 둘러싼 관계에 의해 결정된다는——는 또한 마르크스의 사적 유물론의 기초를 이루는 것으로, 이미 1815년에 오언은 자신의 한 저작에서, 공장 산업의 확대가 국민의 전체적인 사회적 삶과 관련해 어떤 심대한 변화를 초래했는가를 설명했다.[14]

경제와 관련된 오언의 제안들은 전체적으로, 가장 발전된 경제 형태로서의 대산업에 기초를 둔 것이며, 집단 공동체——그는 '집단 마을'이라 불렀는데——조직을 위한 그의 계획들은 당시의 기술적 수준에 근거한 정확한 평가에 기초를 둔 것이다. 그러한 계획들은, 노력에 비해서는 매우 불충분한 결과 때문에 오늘날 우리에게 공상주의적으로 보일지라도, 당시에는 단순한 상상적인 공상주의phantastischer Utopismus를 뛰어넘는 하나의 진보였다. 오언은 늘 과학적 인식을 추구하고자 노력했으며, 그의 학파가 창립한 교육 기관들은 그들에 의해서 *과학의 전당*이라 명명되었다. 당시의 공식적 경제학에 대한 오언의 비판은 세부적인 문제들에는 관심을 기울이지 않았지만, 그의 유능한 제자들[15]은 그의 해당 설명의 기초 위에서 부르주아 경제학의 비판과 관련해 중요한 업적을 성취했다.

샤를 푸리에는 오언에 비해 결코 적지 않게, 그의 사회 형태에 과학적 기초를 부여하고자 노력했다. 그가 제시한 세계 철학과 먼 미래의 발전 양상에 대한 생생한 묘사에서, 변증법적인 개념을 향한 진정한 열정과 결부된 억제되지 않은 공상이 그를 매혹시켰다. 역사학과 사회 과학을, 매우 풍요한 일

런의 사유를 중심으로 윤택하게 한 공적은 여전히 그의 것으로 남아 있다. 충동과 정열에 관한 가르침에서 그는 자신이 인간 영혼의 날카로운 탐구자임을 보여주고 있다. 또한 전체의 행복을 위해 자유롭게 활동할 수 있는 가능성을 모든 충동에 부여하려는 생각, 매력적인 노동이 되어야 한다는 것에 대한 옹호, 즉 특정 노동에 가장 부합하는 성향을 가진 이들에 의해 노동이 수행될 수 있도록 노동이 분배되어야 한다는 것에 대한 옹호는 지속적인 가치를 지닌 것이라 할 수 있다. '농민-가정 결사Association domestique-agricole'[16]에 관한 그의 논의는 비판적인 부분에서, 푸리에가 살았던 당시 프랑스의 경제 상황을 대가다운 솜씨로 폭로하고 있으며, 논의의 긍정적인 부분에서 발전된, 산업 및 농업 경제와 가정 경제를 통일시키는 거대한 협동체 창설을 위한 제안은 오언식의 집단 마을보다 훨씬 더 대산업적 경영 방식에 맞게 조정된 것이었으며, 푸리에는 끊임없이 이것의 장점을 입증하고자 노력했다.

생시몽의 경우에는, 불가능하거나 혹은 있음직하지 않다는 의미에서, 즉 공상적 관념의 성격을 지니고 있다는 의미에서 유토피아적이라 묘사할 수 있을 만한 어떤 것을 발견하기가 더욱 어렵다. 물론 그의 공상이 그 앞에 직접적으로 놓인 것을 넘어선 곳으로 그를 데려가고, 그가 미래에 가서야 실현되거나 현실화될 수 있을 뿐인 관념을 전개하고 있다는 것은 사실이다. 그러나 그의 공상은 철두철미하게 과학적 탐구와 추론에 입각해 있다. 그는 현대 사회학의 아버지로 묘사될 수 있을 것이다. 그의 제자이자 공동 연구자인 오귀스트 콩트Auguste Comte가 후에 방법론적으로 발전시켜 하나의 완전한 체계로 성립시킨 것을 보면, 사상적 내용에 있어서 이미 대부분 생시몽에게서 개진된 것임을 알 수 있다. 과학으로서의 정치 개념을 전체 사회 상태를 포괄하는 개념으로 확대해야 한다는 요구는 그에게서 유래한다. *사회적* 관계, *즉 소유의 분배, 생산 질서, 계급* 형성은 특정 시기의 국가 체제를 결정하는 기초가 되는 것이라는 생각이 그에게서 유래한다. 인간 정신의 발전 단계를 *신학적* 혹은 *형이상학적* 이해 방식과 *실증적* 혹은 *과학적* 이해 방식의 단계로 구분하는 것, 그리고 이러한 사유 방식과 특정 시기의 사회 상태 사이에는 인과적 연관이 존재한다는 지적은 그에게서 유래한다. 그리고 마지막으로, 그와 콩트에게서, 사회 상태를 *비판적* 상태의 시기와 *유기적* 상태의 시기로 나누는 구분이 유래한다. 후자는 사회의 기초와 사회 조직 사이에 *일치*가 존재하는 그러한 시기이다. 전자는, 사회적 질서에 근거한 [기존] 이념이 의문시되고 결속력이 상실되는 시기이며, 새로운 계급이 등장해 지배적 폭력에 적대적으로 맞서는 시기이다. 이러한 상황은 궁극적으로, 그 대립이 극단적으로 치달아 옛 질서가 전복되고 새로운 질서가 성취되며, 사회적 삶의 변화된 기초와 충분히 부합하는 '새로운 종교'가 선포되는 상황으로 이어진다. 이러한 상황의 도래와 함께 이제 사회는 다시 *유기적* 상태——'사회적 종합soziale Synthese'——의 단계에 들어서게 된다. 생시몽의 눈에는, 새로운 시대에 사회의 중심적인 요소로 부상하는 계급은 본래 *산업가*——당시 프랑스 상황과 연관되어 여선히 자영업적 기업가와 노동자를 *함께* 의미했으며, 이 중 전자는 산업의 주요 세력, 즉 '지도자Chefs'로 생각되었다—— 계급으로 비쳤다. 콩트와 그가 창설한 실증주의 학파는 이 생각을 고수했다. 그러나 본래의 생시몽 학파는 산업가, 즉 생산자 개념을 노동*자* 개념으로 엄밀하게 한다. 그리고 생시몽주의자의 급진주의적 조류에서는 노동자는 곧장 *프롤레타리아*가 된다.[17]

새로운 기독교를 만들어내려 한 생시몽의 시도는 그의 교의가 지닌 과학적 성격과 근본적으로 모순된 것이 전혀 아니다. 이 기독교는 전혀 독단주의적인 것이 아니고, 일종의 감정 종교나 이성 종교를 지향하는 것이었기 때문이다. 또한 콩트(그는 천재성에서는 스승과 유사하지만, 방법론적 사유의 측면에서는 스승보다 뛰어났다. 물론 그러한 방법론적 사유는 그의 경우 때때로 너무 도가 지나쳐, 거의 어린애처럼 사소한 일에 얽매이는 것으로 변질되곤 했다)는 다른 이름을 사용함으로써 고대 계시 종교와의 관련성을 떨쳐버리고자 했으며, 그의 새로운 교회에 *인류 종교*Religion de l'Humanité라는 이름을 붙였다. 그럼으로써 과학적 사유와 종교적 감정 사이의 이원론이 지양되어야만 했던 것이다.

이른바 공상적 사회주의자들인 이들 세 사람의 교의와 마르크스주의적 교의의 관계를 살펴본다면, 우리는 전자의 경우보다 후자에게서 과학적 요소가 진정 매우 강하게 확립되고 발전되었음을 알게 되지만, 그러나 후자에서도 전자에서처럼 과학이 *모든 것*은 아니라는 점을 알게 된다. [마르크스주의적 교의에서] 경향과 의지에 의해 이끌리는 환상에 자유를 부여한 영역은 좀 더 축소되어 있으며, 그것의 방향은 좀 더 엄밀하게 한정되어 있지만, 그럼에도 그러한 영역이 완전히 없어진 것은 아니다. 엥겔스는 앞서 인용한 저술에서 다음과 같은 구별을 하면서 양자를 대비시키고 있다. 즉 오언, 푸리에, 생시몽은 그들이 보았던 관계의 미성숙으로 인해 본질적으로 사회주의적 체제의 *발명가*였다. 즉 이들은, 선전과 선례가 되는 실험을 통해 외부에서 사회에 강요되어야만 하는, 사회적 쇄신의 완전한 체제를 머리에서 창조하고자 했던 사상가였다. 그러나 마르크스주의적 교의에 따르면, 사회 변혁의 수단은 "머릿속에서 *발명되*는 것이 아니라, 머리의 힘을 빌려 이미 존재하는 생산의 물질적 사실 속에서 *발견해내야* 하는 것이다."

나는 이러한 진술이, 앞서 말한 세 명의 사회주의자들과 이들의 이론적 업적을 계승한 제자들에게서 마르크스와 엥겔스로 이어지는 발전 진로의 방향을 특징짓는 한에서 매우 타당하다고 생각한다. 이러한 발전 진로 위에서 발명과 발견의 관계는 현실에서 점점 더 후자에 유리한 쪽으로 이동한다. 그럼에도 불구하고 내가 보기에 엥겔스의 이 문장은 양쪽에 대한 약간 과장된 묘사를 포함하고 있다. 오언, 푸리에, 생시몽 쪽에서 보자면, 엥겔스의 문장은 이들에게서 발명이 아니라 발견이 존재하는 정도를 너무 형편없는 것으로 보이게 하고 있다. 실제로 이들은 발견에 더 높은 가치를 부여했는데도 말이다. 이와 달리 현대 사회주의에 대해서는 전혀 발명의 요소가 없는 것으로 선언하고 있다. 그러나 내가 보기에는 현대 사회주의는 그렇지도 않으며 그럴 수도 없다. 마르크스와 엥겔스에 의해 세워진 사회주의는 사회주의 사회를 가져오는 *힘과 수단을 다르게 평가*함으로써 오언, 생시몽, 푸리에의 사회주의 체제와 구별된다. 왜 마르크스, 엥겔스의 사회주의가 이들에 비해 매우 의미 있는 발전인가는 오래 설명할 필요가 없다. 그러나 이론으로서의 마르크스, 엥겔스의 사회주의는 그러한 힘을 인식하는 인식의 과학 그 자체는 아니다. 그들의 사회주의에는 인식을 위한 어떤 발명이 있다. 비록 수단 자체에 대해서는 아닐지라도 그 수단을 적용하는 *형태*와 *방법*에 관련된 발명이 있다. 여기는 그러한 점을 상세하게 고찰하는 자리는 아니다. 다만 다음과 같은 것을 나의 확신으로 표명할 수 있다. 즉, 이러한 관점에서 보면 마르크스와 그의 이른바 선배들과의 차이는 완전히 대립된 견해 사이의 차이라기보다는 오히려 *정도*의 차이라는 것이다.[18]

그러면 우리 논의의 실타래를 다시 집어 들어보자.

앞서 말했듯이, 투쟁적 운동으로서의 사회주의는 아무런 이념적 경향도 없이 완전히 순수하게 과학을 대할 수는 없다. 본성상 그러한 것이다. 사회주의의 첫 번째 목적은 과학의 요구를 실현시키는 것이 아니기 때문이다. 그러나 발전 요소와 발전 법칙에 대한 과학적 인식이 갖는 가치를 인정하면서, 사회주의는 그 수단과 방법을 선택할 때 그러한 과학적 인식의 가치에 의존하며, 그 기초 위에서 특정 시점의 목적을 평가한다. 이것은 사회민주주의 내에서 일반적으로 인정된 원리이다. 문제는 다만 정치적 투쟁 정당으로서의 성격이 사회주의에 진정한 과학성의 전제인 이론적 비편견 theoretische Unbefangenheit[19]을 허용할 수 있는가, 그리고 어느 정도까지 허용할 수 있는가 하는 것이다. 그리고 이러한 비편견의 정도는 객관적 인식으로서의 과학과 정당의 강령 및 이론 사이에 놓여 있는 경계를 명확히 하는 것에 있다는 것, 이것이 이 질문에 대한 대답이다.

영국의 정치가이자 철학자인 베이컨Francis Bacon은 그의 한 논문에서, 국가의 업무와 과학 간의 차이는, 후자에게는 변화와 운동 외에는 아무것도 적합하지 않지만 전자는 권위와 부양에 대한 존중을 지녀야 한다는 데 있다고 말한다. 절대주의적 군주제에 대한 옹호자로서 베이컨은 권위를 지금 우리에게는 문제로 고려되지 않는 그러한 의미로 이해했다. 또한 여기서는, 이러한 점에서 특정 시기의 좁은 의미의 국가 기구와 관련해 소망할 만한 가치는 무엇인가 하는 문제를 탐구할 자리도 아니다. 그러나 우리가 사물을 *현실적*으로 있는 그대로 생각한다면, 그리고 오늘날의 관계 속에서 명백히 넓은 의미의 국가 업무에 포함되며 사회 속에서 중요한 기능을 행사하는 정당을 국가 업무와 관련된 것으로 파악한다면,[20] 베이컨의 위와 같은 대비는 오늘날에도 원칙적으로 타당하다. 정당은 현대 국가보다 더욱 권위적 성격을 지닌다고 말할 수 있다. 정당은 실현하고자 하는 특정한 원리와 요구들을 대변하며, 이러한 원리나 요구들을 상응하는 에너지로 추진하기 위해, 주어진 시점에 그의 구성원들에게 무조건 그들을 지지할 것을 요구한다. 나는 이러한 점을 강하게 인정한다. 그러나 이러한 맥락에서 이슬람의 '확고함' 같은 표현을 사용하거나, 지금까지 거의 30년 동안 한 사회주의 조직이 그랬던 것처럼, 그 조직이 대변하는 교의에 가톨릭 교회가 교황에게 부여하는 저 *무오류성*을 요구하는 것은 지나치다고 생각한다. 우리는 이미 오래전에 이런 것에서 벗어났다. 중요한 것은 신념이나 인식을 강요하는 것이 결코 아니다. 중요한 것은 단지, 당의 결정이 구성원들의 정치적 태도에 결속력을 가져야 한다는 것이며, 당이 근본적인 것으로 선언한 요구나 원리를 이들이 지지해야 한다는 것이다. 이는, 당의 확고한 기반이 오래 지속되는 데 반드시 필요한 것이다.[21] 거기까지는 당에게 어떤 불관용의 권한을 부여할 수 있을 것이다. 그러나 내가 이러한 권한을 지지한다는 바로 그 이유로, 나는 당의 영역과 과학의 영역을 날카롭게 구분하는 것이 필요하다고 생각한다. 그리고 이것에는 무엇보다도, 우리가 과학이라는 말을 어떻게 이해하는가에 대한 합의가 필요하다.

　과학의 개념을 엄밀하게 파악한다면 과학은 오직 체계적으로 정돈된 지식이다. 지식은 사물의 진실한 속성과 관계에 대한 인식이고, 지식의 상태에 따라서 늘 단 *하나*의 진실만이 존재하는 것이기 때문에 각각의 모든 지식 분야에서도 단 하나의 과학만이 존재한다. 이른바 엄밀한 과학과 관련해 이는 일반적으로 인정된다. 자유주의적 물리학, 사회주의적 수학, 보수주의적 화학에 대해 말하는 것은 누구도 머릿속에 떠올릴 수 없을 것이다. 그런데 인간의 역사와 인간의 여러 제도들의 경우는 이와 다른 것인가? 나는 다르다고 생각할 수 없으며, 자유주의적, 보수주의적, 혹은 사회주의적 사회 과학이라는 말은 불합리하다고 생각한다. 그러한 견해를 접하는 경우, 엄밀히 탐구해본다면 언제나 우리는 그것이, 과학적으로 규정된 이론이나 교의와 과학 자체 사이의 차이를 보지 못하는 무지나 과소평가와 관련이 있음을 알게 될 것이다. 또한 우리는 이론이나 교의는 그 체계가 과학적 추론의 요구와 형식적으로 일치할 경우 과학으로 규정된다는 것을 알 수 있다. 그러나 형식이 아무리 과학적이라고 할지라도, 어떤 학설 체계가 그것의 전제와 목적이 특정 경향으로부터 자유롭지 못한 계기를 포함하고 있는 경우라면 그러한 과학적 형식이 그 학설 체계를 과학으로 만들 수는 없다. 이 점은 사회정치적 이론의 경우에는 일반적이며, 사회정치적 교의의 경우에 항상 들어맞는다.[22]

사회적 교의나 정치적 교의가 그에 상응하는 〔영역의〕 과학과 구별되는 것은, 이들이 폐쇄적인 반면 과학은 개방적이라는 점 때문이다. 사회-정치적 교의는 특정한 목적의 규정Diktat[23]에 종속되어 있다. 이 목적은 인식에 관계되는 것이 아니라 소망에 관계된 것이며, 그러한 목적은, 단지 그것이 특정한 점에서 새로운 인식의 여지를 열어놓고 있을 때에만 그러한 교의에 좀 더 *완성되고*, *지속적인* 성격을 부여할 수 있다. 그러나 과학적 사회학은 그 대상인 사회가 살아 있는 유기체이기 때문에, 그리고 이 유기체에 적용되는 법칙에서 최종 심급이 갖는 궁극적 진리에 관해서는 아무것도 알 수 없기 때문에, 닫혀 있지 않다. 과학이 확고한 〔기존의〕 업적을 지니고 있다는 것은 자명하다. 끊임없는 변화라는 명제는, 과학이 이미 밝혀진 모든 경험과 인식 논리를 완전히 고찰하지 않아도 되는 것으로, 과학이 추론 방식에서 어떤 자의성을 허용한다는 식으로 이해되어서는 안 된다. 이와 반대로 과학은, 가차없는 엄격함으로 법칙에 맞는 필연적인 것을 해명해야 하는 과제를 지닌다. 그러나 과학은 탐구 현상과 과정의 최종 원인 및 규명된 발전〔법칙〕의 최종 결과에 대해서는 알지 못한다. 과학은 그 학설 체계가 궁극적으로 종결되는 것을 결코 인정하지 않으며, 반대로 개방적으로 새로운 사실을 통해 끊임없이 확장되고 수정된다. 과학에서는 인식의 목적 외에 다른 중요한 목적은 존재하지 않는다.[24]

　이러한 의미에서 의심의 여지 없이 사회주의에 과학적 기초를 부여하고자 하는 진실한 소망을 품었던 프루동은 당시, 마르크스가 그의 유명한 저작《철학의 빈곤*Das Elend der Philosophie*》에서 그렇게도 신랄하게 비판하게 되는 프루동 자신의 저작[25]을 마르크스에게 알리는 편지에서 이렇게 쓰고 있다(나는 여기서, 강연에서보다 약간 더 상세히 그 부분을 제시하겠다). "우리 함께 사회적 삶의 법칙, 이 법칙이 관철되는 형태와 방식, 우리에게 이 법칙을 발견하게 해주는 방법을 탐구하자. 그러나 우리가 모든 선험적 독단의 체계를 분쇄하고 난 후에는, 이제 우리 편에서 민중에게 독단론을 전파하는 것을 가능한 한 경계해야 한다. 문제가 결코 다한 것이 아니라고 생각하자. 그리고 우리가 마지막 논의를 모두 끝낸 후라 할지라도, 필요하다면, 능변과 아이러니를 가지고 *처음부터 다시 시작하자.*"[26]

　"*결코 문제가 다한 것이 아니라고 생각하자*" —— 이 말은, 사회주의가 과학적인 것이 될 수 있고 또 그러기를 원하는 한 명백히 사회주의에 적합한 구호일 것이다. 사회주의가 오직 과학일 뿐인 것은 아니며, 사회주의는 순수 과학이 아니며 그럴 수도 없다는 점을 나는 위에서 입증했다고 생각한다. 그 개념은 말로 표현되면 이미 과학이 될 수 없다. 어떤 '주의主義'도 과학이 아니다. 우리가 '주의'라고 부르는 것은 신념의 방식이고, 경향이고, 사상과 요구의 체계들이지만, 과학은 아니다. 각각의 모든 진정한 과학의 초석은 경험이며, 과학은 스스로를 전체 지식 위에 구축한다. 그러나 사회주의는 *다가올 사회 질서*에 관한 학설이며, 따라서 사회주의에 내재된 특성은 엄격한 과학적 규정의 특성에서 벗어나 있다.

그럼에도 불구하고 사회민주주의가 대변하는 식의 사회주의와 과학 사이에는 긴밀한 연관이 있다. 사회주의는 과학의 무기고에서 점점 더 많이 자신의 기초를 건져 올린다. 모든 사회 정파 중에서 사회주의는 과학에 가장 가까이 서 있다. 왜냐하면, 상승하는 한 계급의 운동으로서 사회주의는 다른 어떤 정당이나 운동보다 기존의 것을 더 자유롭게 비판할 수 있으며, 이러한 비판의 자유는 과학적 인식의 근본 조건 가운데 하나이기 때문이다. 사회는 살아 있는, 스스로 발전해가는 유기체이며, 우리가 그 발전의 방향을 목격하고 있는 그러한 발전을 가장 소망하는 정당이나 계급은 당연히 다른 어떤 당이나 계급보다 더욱 인식의 진보에 관심을 갖는다.

사회민주주의나 사회주의에 있어서는 이미 이러한 관심이 존재한다. 사회 관계의 인식은, 사회의 진보를 촉진하는 수단을 발견하고 그 진보를 정지시키거나 지연시키는 수단을 피하는 것을 사회주의에 보증하는 것이기 때문이다. 사회주의는 앞에서 말했듯이, 특정한 정도에서 *의지*의 대상이지만 *결코 자의의 대상은 아니다*. 소망하는 목적에 이르기 위해서 사회주의는 사회 유기체의 세력들 및 연관, 그리고 사회적 삶의 원인과 결과에 대한 과학적 지식을 중요한 힘으로 요구한다.

그럼에도 불구하고 과학적 사회주의라는 표현은, 사회주의가 이론으로서 순수 과학이 되고자 한다거나 순수 과학일 수밖에 없다는 견해로 우리를 오도한다. 그러나 이러한 관념은 잘못된 것일 뿐만 아니라 또한 사회주의에 대한 결코 적지 않은 위험을 포함한다. 왜냐하면 이는, 과학적 판단의 가장 중요한 조건 중 하나인 *과학적 비편견*을 사회주의에서 박탈할 가능성을 매우 높이기 때문이다. 그렇게 되면 사회주의의 주어진 학설 체계에 있는 모든 문장이, 일단 정해진 형태 속에 고정되어 일련의 사회주의적 논증에서 달리 대체할 수 없는 부분으로 간주되며, 이것은 사회주의가 이론과 실천 사이에서 유지하고자 하는 올바른 관계를 훼손시켜, 상황에 따라서 실천에 불리한 영향을 미칠 수 있다. 따라서 나는 과학적 사회주의라는 명칭보다, 다음과 같은 사유를 동시에 충분히 표현할 수 있는 명칭을 선호한다. 즉 사회주의는 과학적 인식의 기초 위에 서 있고, 이러한 과학적 인식이 방향을 부여하는 요소임을 인정하지만, 그럼에도 불구하고 배타적으로 과학이 되어야 하고 특정 시기에 과학으로서 완성되어야 한다는 요구를 사회주의가 강조하거나 인정한다고 보는 관념을 배제하는 사유를 말한다. 내가 보기에 이러한 두 가지 요구 사항에 가장 적합한 명칭은 '비판적 사회주의kritischer Sozialismus'이다──이때 비판이란 칸트의 과학적 비판의 의미로 이해된 개념이다.

나는, 동시에 다음과 같은 점을 덧붙이고 싶다. 내가 이 표현을 선호하는 유일한 사회주의자는 결코 아니며, 또한 그러한 표현을 처음으로 규정한 것에 대한 권리를 요구할 수 있는 사람도 아니라는 것이다. 그러한 권리는, 마르크스주의에 속해 있으면서 동시에 나와는 많은 점에서 다른 견해를 갖고 있는 어떤 사람에게 더 적합한 것이다. 나는 로마의 안토니오 라브리올라Antonio Labriola 교수를 생각하고 있다. 이미 1896년에 라브리올라는〈공산당 선언Manifest der Kommunistischen Partei〉을 기념해 바친 한 저술에서, 사람들이 자주 경솔하게 사용하는 '과학적'이라는 말이 아니라 '비판적'이라는 말이 마르크스주의적 공산주의에 대한 더 적절한 명칭이라고 선언했다.[27]

이처럼 '과학적'이라는 명칭에 반대하는 시각으로 이끄는 것은 일시적인 감정의 변덕이나 까다롭게 자구에 집착하는 것이 아니라, 사회주의 이론에 좀 더 높은 수준의 과학성을 확보하고자 하는 소망이다. 이것은 과학과 사회주의 사이의 연관을 잘못 해석하는 것을 사전에 막는 것이다. 이러한 경우와 다르게, '과학적 사회주의'에서 '과학적'이라는 개념이 비판적 의미에서, 즉 요청 *Postulat*과 프로그램 *Programm*으로 파악된다면, 즉 사회주의가 바라는 목적을 위해 과학적 방법과 인식은 방향을 인도하는 힘으로서 기능해야 한다는 요구 *Forderung*──사회주의가 스스로에게 제기하는──로서 파악된다면, 과학적 사회주의라는 이름은 전적으로 정당성을 지니고 있다.

과학은 특정 이념의 경향에서 자유로우며[28], 사실에 대한 인식으로서 어떤 정당이나 계급에도 속해 있지 않다. 이에 반해 사회주의는 경향적인 것이며, 새로운 것을 위해 투쟁하는 정당의 교의로서 단지 이미 규정된 것에만 묶여 있지 않다. 그러나 사회주의가 추구하는 목적은, 현대 사회의 추동력에 대해 과학적 탐구가 제시하는 것과 같이, 사회 발전의 진로에 기초해 있는 것이기 때문에, 사회주의적 교의는 다른 어떤 교의보다도 더 과학성의 요구에 부응할 수 있다. 또한 사회주의 정당, 곧 사회민주당은 다른 어떤 정당보다도 더 자신의 목적과 요구를, 그러한 정당에서 문제가 되는 과학의 학설과 요구에 부합하도록 할 수 있다. 내 생각을 한마디로 요약해본다면 이렇다. 우리가 근본적으로 새로운 것을 창조하고자 하는 운동의 이론을 이성적으로 요구할 수 있다면 과학적 사회주의는 *가능할* 뿐만 아니라 또한 *반드시 필요한* 것이다.

제2장

사회민주주의에서
수정주의의 의의

서문

여기 대중에게 내놓는 이 강연은, 1909년 4월 4일 암스테르담 수공업자 협회 회의실에서 열린 한 모임을 위해 했던 것이다. 이 모임은 암스테르담 대학교 법학부 학생회와 사회 연구회가 공동으로 개최한 것이었다. 그러나 청중은 순수 연구 집단만은 아니었다. 네덜란드의 사회주의 노동 운동 진영에 속하는 많은 사람들 또한 학생과 연구자들과 나란히 이 모임에 참석했다.

이 출판본은 강연의 속기록을 토대로 한 것으로, 그 속기록을 검토하고 다듬었다. 그러나 주요 부분에는 전혀 변한 것이 없다. 나는 직접적인 연설 형식을 모두 고치지는 않았지만, 대부분의 경우 연설 형식 대신 비개인적인 느낌을 주는 문장 형식을 선호했다. 강연의 객관적인 성격을 독자들에게 가능한 한 그대로 전달하는 것이 중요하다고 느낀다. 같은 관점에서, 강연의 특정 부분에서 나온 청중의 반응과 강연이 끝났을 때의 정황을 적은 속기록의 메모는 생략했다. 강연의 각 장에서는 독자들이 좀 더 쉽게 읽을 수 있도록 단락을 구분했다.

부록에서 독자들은 '사회민주당 강령의 이론 부분을 위한 원칙'을 보게 될 것인데, 이는 1909년 3월 말에 베를린 근교의 샤를로텐부르크 지역 사회민주주의 선거 협회에서 수정주의Revisionismus와 사회민주주의 강령에 관해 했던 강연이다. 이 '원칙'은 내가 지지하는 수정주의 견해가 사회민주주의 강령에 지속적으로 충분한 기초를 제공해준다는 점을 보여줄 것이다. 달리 말하면, 독일 사회민주당의 에르푸르트 강령의 이론 부분에서 내가 반대했던 부분들은 선동의 관점에서 보면 무용하고, 과학의 관점에서 보면 더 이상 지탱할 수 없는 것이 되었다는 것이다.

1909년 4월 중순 베를린 근교 쇠네베르크에서

에두아르트 베른슈타인

1. '수정주의'라는 이름의 등장

의장은 정중한 개회사에서, 사회민주주의 운동 내에 존재하는 *마르크스주의자*들과 *수정주의자*들 사이의 대립을 언급했다. 나는 이렇게 양자를 대립시키는 관점이 전적으로 옳지는 않다고 생각하며, 필수적이라 생각되는 (이 관점에 대한) 수정을 강연 중에 제시할 기회를 가질 것이다. 그러나 우선 여러분에게, 수년 전부터 사실상 사회민주주의가 발전해 온 많은 나라에서 '수정주의적' 혹은 '수정주의자'라고 묘사되는 조류나 요소들이 나타나고 있다는, 이미 어느 정도 알려진 사실을 언급하고자 한다. 내가 의도적으로 '묘사*되는*'이라고 말한 것은, 당사자들이 스스로——적어도 처음에는——그 이름을 붙인 것은 결코 아니기 때문이다.

'수정주의자'라는 이름은 강요되고 제3자에 의해 형성된 이름이며 전혀 자유롭게 선택된 이름이 아니다. 그러나 우리는 이런 식으로 발생한 이름을 통해 용어가 성립된 사례들을 역사에서 자주 발견해왔다. 거대한 국민 정당이나 인민 운동의 역사를 알고 있는 사람이라면, 얼마나 자주 그렇게 강요된 이름을 곧이어 당사자들이 그들의 운동을 지칭하는 명칭으로 수용해 스스로 사용하게 되었는지——반항심에 의해서든 아니면 단어 표현에 대한 무관심의 소치이든——또한 알고 있을 것이다. 고대의 다양한 정파들은 말할 것도 없고, 중세 이탈리아 개혁당의 경우에서도 이러한 사례를 볼 수 있다. 이 개혁당은 적대자들에 의해 *넝마주이당*으로 불렸다. 종교 개혁 시대에도 마찬가지였다. 즉 프로테스탄트라는 이름은 원래 조롱을 담은 명칭이었다. 마찬가지로 우리는 이러한 사례의 하나로, 네덜란드 역사에서 유명해진 이름 *괴제Geuse*를 알고 있다.[29] 영국 대혁명 시기에 진지한 의미를 지닌 *퀘이커* 교도 역시 원래는 모욕적인 명칭이었다. 또한 영국 역사의 거대한 두 정당인 *휘그*와 *토리*라는 명칭도 다르지 않다. 토리는 원래 강도를 의미했고, 휘그는 '신 우유'라는 말이었다.[30] 두 정당은 처음에는 이 이름들로 서로를 비난했으나, 이어서 적대자가 부여한 명칭을 순순히 수용하고 유지했다. 그런데 *수정주의자*라는 이름은 '신 우유'처럼 심한 것은 분명 아니다. 프랑스의 새로운 공화주의 운동에서 *기회주의자*라는 명칭은, 원래 강베타Léon Gambetta가 이끈 공화주의자를 지칭하는 모욕적인 표현이었다. 그리고 1881~1882년에 프랑스 사회민주주의가 분열되었을 때 한 분파가 다른 분파에 의해 경멸적으로 *가능주의자Possibilist*라고 불렸으나, 그럼에도 그 분파는 모욕으로 간주된 그 이름을 순순히 유지했다. 미국에서는, 최초에 적대자들에 의해 *인디언 추장*이라 명명되었으나, 이어 익살스럽게 자신을 그렇게 부르는 정치가들이 존재했고 지금도 존재한다. 요컨대, 그러한 명칭은 어떤 비본질적인 특성에 근거해 각인되었으며, 이어 사람들 모두

가 이를 수용하게 되었다는 얘기다.

사회주의적 '*수정주의자*'는 누구인가? 그리고 그들은 무엇을 원하는가? '수정주의자'라는 명칭은 비교적 최근에 생긴 말이다. 독일 사회민주주의에서 수정주의자라는 이름이 최초로 사용된 것은 대략 7~8년 전의 일이다. 당시 출간된 한 사람의 책을 통해서였다. 그 사람은 그 후로 독일 사회민주주의 운동에서 사라져버린 알프레트 노시히Alfred Nossig 박사로, 그가 쓴 책은《사회주의의 수정*Die Revision des Sozialismus*》이었다. 이 책은 내가 볼 때 세부 내용이 상당히 괜찮음에도 불구하고, 모든 사회민주주의자에 의해서, 또한 오늘날 수정주의자라 불리는 사람들에 의해서 거부당했다. 노시히 박사는 그 후 당에서 축출되었다고 한다. 그러나 수정주의자라는 이름은 남았으며, 이어 그 말은 전래의 사회민주주의 이론에 비판적으로 맞서는 사회주의자들——그 안에 나도 포함되지만——에게 무차별적으로 적용되고 있다.

전래의 사회주의 교의나 해석에 대한 비판이라는 이러한 의미에서 수정주의의 개념은 독일 사회민주주의에서〔그 이름보다〕더 오래된 것이다. 1895년 브레슬라우에서 개최된 당대회에서 이미 한 대의원, 즉 1902년 타계한 탁월한 재능의 소유자 브루노 쉰랑크Bruno Schoenlank 박사는 이렇게 설명했다. "당내에 사유 방식의 수정이 이루어지고 있다." 이는 당시의 농업 문제에 관련시켜 한 말이었으며, 그는 농업 경제의 변화된 관계에 당의 관점을 맞출 것을 요구했다. 그러나 그는 나중에 그 수정의 문제를 철회했다. 이미 나아간 진로에서 다시 퇴각한——어떻게 그렇게 되었는지는 모르지만——것이었다.

그러나 그러는 사이, 1896~1897년에 독일 사회민주당의 공식적인 이론적 정기 간행물《새로운 시대*Neue Zeit*》에, '사회주의의 여러 문제Probleme des Sozialismus'라는 제목의 일련의 내 논문이 실렸다. 이는 연속된 논문들로, 당시 사회민주당에 확산되어 있던 견해를 비판한 것이었다. 이 논문들에 뒤이어, 전체 현대 사회를 동요시키고 나아가 전복시키는 거대한 경제적 붕괴를 예견하는 관점에 반대하는 한 논문[31]이 1898년 초에 나왔다. 이 논문에서 나는, 당시 카를 카우츠키 Karl Kautsky와 나에 대해 우리의 논문들이 사회주의의 목적에 대해 아무 말도 하고 있지 않다고 비난했던, 붕괴 이념의 한 대변자[32]에 반대해 다음과 같은 말을 덧붙였다. "사람들이 보통 사회주의의 최종 목표Endziel라고 부르는 것이 내게는 아무것도 아니다. 내게는 운동이 모든 것이다!" 또한 운동이라는 말을 거대한 전체 사회 운동, 특히 노동자 계급의 운동으로 이해한다는 점을 덧붙였다. 이 언급은 독일 부르주아 당, 즉 독일 부르주아-자유주의당에서 특정한 이유로 인해 받아들여졌고, 당시 창설된 국가사회주의당은 이를 사회민주주의에 반대하는 논거로 이용할 수 있다고 생각했다. 그러나 독일 사회민주당 내에서 내 논문은 상당히 많은 사람들에게서 비판을 받았고, 다음 당대회에서 내 논문에 반대하는 입장을 결의해야 한다는 요구가 제기되었다. 그 당대회는 1898년 가을 슈투트가르트에서 열린 독일 사회민주당 대회였다. 슈투트가르트 당대회에서 나는 내게 제기된 공격에 대한 답변으로 공개 서한을 공표했다. 나중에 그 서한은 곧 언급할 나의 책33에 실렸는데, 그 서한에서 나는 주요한 논쟁점들에 관해 매우 분명히 피력했다. 강연이 더 이상 길어지지 않도록 하기 위해 그 공개 서한을 여기서 낭독하지는 않겠지만, 다만 당시 썼던 것이 오늘날에도 여전히 나의 신조라는 점만은 지적하고자 한다. 그 공개 서한은 슈투트가르트에서 상당한 반대에 부딪혔고, 당대회가 끝난 후 당시 나의 지인들이 내 견해를 한 권의 책으로 묶어 펴낼 것을 내게 요청했다. 그렇게 해서 10년 전에 출간된 책《사회주의의 전제와 사회민주주의의 과제》34가 세상에 나왔다. 이 책은 출간된 이래 8판을 찍었고, 여러 나라 말로 번역되었다. 앞서 말한 슈투트가르트 당대회에서의 공개 서한이 이 책의 서문에 수록되어 있다. 이 책은 특정 한계 내에서, 독일에서 수정주의라고 불리는 사회주의 조류의 주요 저작 중 하나로 간주될 수 있을 것이다. 이러한 수정주의적 조류를 담은 또 다른 위대한 출판물 가운데 가장 중요한 것은 나의 당 동료 에두아르트 다비트Eduard David 박사의《사회주의와 농업경제Der

Sozialismus und die Landwirtschaft》이며 이는 내가 보기에 매우 탁월한 저작이다.

또 다른 수정주의자들, 실로 이 이름을 서슴없이 적용할 수 있는 사람들로는 독일 사회민주주의자들 가운데 다음과 같은 이들이 있다.《사회주의 월보*Sozialistischen Monatshefte*》의 편집자 요제프 블로흐Joseph Bloch 박사, 노동자 계급 출신으로서 이례적으로 탁월한 활동가이며 오랫동안 제국 의회 대의원으로 일했으나 지난번에 패배한 아돌프 폰 엘름Adolf von Elm, 마찬가지로 노동자 계급 출신으로 지금까지 제국 의회 대의원으로 있는 에드문트 피셔Edmund Fischer, 현재《*뮌헨 포스트Münchener Post*》의 편집자로 매우 풍부한 업적을 남기고 있는 저술가 파울 캄프마이어Paul Kampfmeyer, 브레슬라우의 편집자인 파울 뢰베Paul Löbe, 데사우의 편집자인 하인리히 포이스Heinrich Peus, 편집자이자 제국 의회 대의원으로 독일 노동조합연맹의 제국 서기장인 로베르트 슈미트Robert Schmidt 등이다.

내가 지금 언급한 이들이 대변하는 것은 무엇인가? 이들은 특정한 기본 정책을 갖고 있는가? 아직까지 그렇지는 않다. 더욱이, 이들의 견해를 좀 더 자세히 고찰해보면, 우리는 이들에게서 이론과 실천의 문제와 관련된 많은 관점에서 다양한 견해 차이를 볼 수 있을 것이다. 이 점에 관해 실천 문제와 관련된 한 예를 제시하고자 한다. 몇몇 수정주의자들——

나는 이미 블로흐 박사를 언급했다. 두 번째 예로 매우 근면하고 활동적인 인물인 리하르트 칼베르Richard Calwer를 말할 수 있을 것이다——은, 독일이 현재 통상 정책에서 특정한 보호 관세 없이는 유지될 수 없다는 관점을 지지한다. 반면 다비트와 나 자신, 그리고 몇몇 다른 이들은, 현대 노동자 계급은 무조건 국가 간의 자유 교역의 근본 법칙을 지지해야 하며, 보호 관세 폐지에 수반될 수 있는 위험은 다른 방식으로 해소해야 한다는 견해를 지지한다. 이러한 견해 차이는 분명 더 많이 존재한다. 그러나 이것이 이 수정주의 조류에 반대하는 근거가 되는 것은 아니다. 정당의 역사를 거슬러 올라가 검토해본 사람이라면, 비판적인 성향으로 구성된 모든 정당, 즉 비판을 매우 중요하게 생각하는 모든 정당에서는 특정한 규정을 강요하는 것이 매우 어렵다는 사실을 알게 될 것이다. 따라서 수정주의자들이 많은 점에서 의견이 일치하지 않는다는 사실이 운동이 열등하다는 증거로 제시될 수는 없다.

그러나 사람들은 이렇게 질문할 것이다. 적어도 한 가지는 공통점이 있어야 하는 것이 아니냐고 말이다. 이들이 진정 하나의 공통점은 가져야 하는 것이 사실이다. 그 공통점은 무엇인가? 이 질문은 존경하는 우리 의장의 발언으로 다시 돌아오게 한다. 의장은 마치 여기에 마르크스주의 신봉자가 있고 저기에는 수정주의자가 있는 것처럼 마르크스주의자와 수정주의자에 관해 언급했다. 이러한 견해는 실로 광범위하게 확산되어 있는 것인데, 그러나 나는 이를 올바르다고 인정할 수 없다. 이 견해가 올바르다면, 수정주의자는 필연적으로 *反마르크스주의자*가 되어야 한다는 전제가 성립되기 때문이다. 그러나 나는 이러한 명칭이 적용되는 수정주의자는 전혀 알지 못한다.

2. 마르크스주의의 근본 사상

반마르크스주의자는 우선 마르크스 이론의 적대자를 지칭하는 다른 표현일 뿐이다. 그러나 마르크스 이론의 근본 요소, 근본 사상은 무엇인가? 마르크스 이전의 사회주의자들의 교의와 마르크스의 교의를 구분하는 근본적인 견해는 무엇인가? 그것은 마르크스 이전의, 혹은 마르크스와 동시대의 다른 사회주의자들에 비해 좀 더 뛰어나고 심오한 *발전사상*에 대한 이해, 이들에 비해 좀 더 근본적인 방식으로 파악된 *진화 관념*이다.[35] 마르크스에 앞선 사회주의자들은 대부분 다소간 공상적이고 언제나 *관념적인* 성향을 지녔던 '공상적 사회주의자들Utopisten'이었다. 이들은 현재보다 더 나은 사회를 관념 속에 축조했던 이들이었으며, 생각할 수 있는 최선의 사회를 목적으로 설정하고 추구했다. 혹은 이들은, 어떤 시의 적절해 보이는 포괄적인 사회 개혁을 설정해 가장 중요한 과제로 삼았던 개혁가들이었다. 그러나 이들에게는 현존 사회에 대한 깊이 있는 근본적인 분석이 결여되어 있었고, 그 개혁을 현존한 욕구로부터 직접 끌어낼 수 없었다. 따라서 이들은 어떻게 그 개혁이 사회의 전체적 발전 경로, 즉 사회의 주어진 존재 조건과 사회 세력〔의 발전〕과 부합할 수 있는지 질문할 수 없었다. 이와 반대로 마르크스는, 현대 사회를 스스로 발전하는 유기체──자의적으로 변화하지도 자의적으로 화석화하지도 않으며, 반대로 고유한 발전 법칙을 갖는- -로 파악하는 견해를 지지했다. 그리고 마르크스는 그 법칙이 개혁을 원하는 이들이 근본적으로 연구해야 할 것이라고 생각했다. 이 위대한 사상은 이미 마르크스의 초기 저작들에서 표명되었다. 그러나 마르크스가 그러한 생각을 가장 체계적으로 요약한 것은 1859년에 출간한 《정치경제학 비판을 위하여*Zur Kritik der politischen Ökonomie*》라는 책의 서문에서였다. 1859년은 유기적 자연에 대한 다윈의 진화론을 담은 최초의 위대한 책이 나온 해인데, 이 두 출판물을 같은 반열에 놓아도 좋을 것이다. 물론 이 두 책이 같은 해에 나온 것은 우연이라고 하겠다. 그러나 이 책들이 동일한 역사적 시기에 나온 것은 절대 우연이라고만은 할 수 없다. 양자는 근본 사상에서 동일한 정신을 호흡하고 있는 것이다.

다윈의 책은, 생명의 변이란 창조자의 자의적 개입에 소급되는 것이 아니라, 생명의 생활 조건에서 인과적으로 설명되어야 하는 것이라는 사상을 발전시켰다. 그리고 다윈이 식물과 동물의 새로운 형태와 종류에 관해 설명한 것을 마르크스는 인간의 사회 발전의 역사에 관련해 발전시켰다. 물론 본질적인 점에서 후자의 발전 조건은 전자와 다르다. 왜냐하면 식물계나 동물계 모두 전체적으로 무의식적이고 의도 없이 발전하는 것임에 반해, 인류는 시간이 경과하면서 자신의 발전 조건을 의식하게 되고, 그 의식을 더욱 발전시키며, 이를 위해 투쟁하기 때문이다. 그러나 이 의식도 인간이 특정한 속박에서 벗어날 수 있게 하지는 못한다. 마르크스의 이론에 따르면, 이 의식도 사회 발전을 자의의 대상으로 만들지는 못한다. 사회의 발전 과정에서 인간은 인간 고유의 존재 조건에 구속되어 있다. 달리 말하면, 인간 사회 변화의 역사에서 최후의 결정적인 요소가 되는 것은 무엇보다 먼저 경제, 그 종류와 양식이며, 그리고 생활 물자 생산의 자연적 조건——내가 이렇게 부가한 것은 자연 자체가 경제의 가장 중요한 부분이기 때문이다——이다. 마르크스에 앞서 이미 이전에 유사한 견해가 표명되었지만, 마르크스가 제시한 명확한 형태로는 아니었다. 무엇보다도, 마르크스가 사회 발전의 이론가로서 인간 노동 수단의 역사로 거슬러 올라간 것, 사회 발전을 도구, 즉 '인간 기관의 연장'의 *발전*으로 소급해 설명한 것은 마르크스의 공적에 속한다.

도구는 노동의 종류와 생산성을 결정하고, 노동을 통해 문화 수준을 결정한다. 인간이 땅을 경작하고 땅의 산물과 지하자원을 가공함에 따라 특정 영역에 이전보다 더 많은 인간이 거주하게 되듯이, 인간이 자연에서 얻는 모든 것은 궁극적으로 특정 시점에서 사용할 수 있는 도구의 성격에 의존한다. 인류 사회의 태내에서 이루어지는 인간 교류, 인간의 정주定住 방식, 지배 관계, 계급 형성은 생산관계에 의해 결정되며, 생산·정주·교류·지배의 발전은 다시 도덕적 판단에 영향을 미친다. 또한 존재 조건이 본질적으로 달라지게 되면 이 도덕적 판단도 변화하며, 또한 마찬가지로 법률 관념과 법률 제도도 법에 대한 다른 요구가 등장하게 되면 변화한다. 마찬가지로 사회의 경제적 기초가 달라지면 정치 체제도 달라지지 않을 수 없다. 이 모든 것이 마르크스의 이론에 명백히 제시되어 있다. 도구의 변화로 인해 새로운 생산 양식이 사회의 태내에서 발전하고, 그와 함께 사회의 구성이 달라지면 새로운 계급이 형성되게——처음에는 무의식적으로——되고, 이어 그 새로운 계급이 더욱 강한 세력이 되어 더 커진 요구를 가지고 부상하면, 소유권을 가지고 지배를 행사하는 구특권 계급에 대해 상승하는 새로운 계급의 투쟁이 곧 지배권을 둘러싼 투쟁이 되는 시점이 다가온다. 따라서 인류 사회의 역사는 계급 투쟁의 역사이며, 이 계급 투쟁은 대대로 다시 새로운 형태를 띠고 반복된다. 이것이 마르크스 이론의 근본 사상이다.

　지금까지 사람들은 이러한 이론을 일면적으로 해석할 수 있었다. 사람들은 기술적-경제적 요소의 결정적 힘을 과장할 수 있었다. 즉 인간이 생각하는 두뇌를 가지고 있다는 것, 이념과 이데올로기, 도덕과 법 관념은 특정 정도까지 독자적으로 발전한다는 것, 이들은 문화 발전과, 실로 생산 발전에도 함께 영향을 미치는 요소라는 것을 망각할 수 있었다. 사람들은 생산 양식이라는 개념을 상당히 피상적으로 파악해, 경제적 요소의 영향력을 지나치게 과장할 수 있었다. 마찬가지로 반대편에서는, 마르크스주의 역사관을 아무 내용 없는 것으로 희석시켜, 이데올로기적 계기에는 너무도 많은, 경제적 계기에는 너무도 적은 결정적 영향력을 귀속시킬 수도 있었다. 이 모든 것을 인정해야만 한다. 그러나 이것은 오류나 해석의 차이이며 앞으로도 그러할 것이다. 그리고 이들에 대한 논박은 마르크스 이론의 핵심 사상과는 관계가 없는 것이다. 사회민주주의자, 실로 주장하건대 어느 정도 비중 있는 사회과학 이론가치고 저 핵심 사상을 원칙적으로 받아들이지 않은 사람은 없었을 것이라 생각한다. 내적인 진리를 가진 이론은 당내 투쟁을 초월해 저항할 수 없는 힘으로 스스로를 관철시킨다. 그런데 그것이 여기에 해당된다. 이념이 여전히 그렇게 강력한 자신의 고유한 삶을 이끌어나갈지라도, 일반적인 법 관념 등은 궁극적으로 경제적 관계들, 사회의 성격, 사회를 구성하고 있는 계급의 특성에 뿌리를 두고 있다는 주장은 오늘날 학문에서 거의 하나의 상투어이다. 정치의 경우 어떻게 그러한가를 역사가, 특히 영국 대혁명 역사의 작은 예가 보여줄 수 있을 것이다.

익히 알다시피 영국 대혁명기에는 급진 민주주의적 정당이 있었고, 그 대변자들은 적대자들에 의해 수평파——이는 변혁가, 평등주의자라는 뜻이다——라고 불렸다. 그런데 실제로는 이 수평파 내에 단순한 민주주의자, 급진주의자와 함께 공산주의자들도 있었다. 수평파는 혁명의 절정기에 그들이 인민 헌장이라 부른 헌법 초안을 완성했다. 그 초안에서 수평파는 당시의 모든 계급 특권의 폐지를 공식화했으며, 평등한 선거권을 요구했는데, 그 요구에는 "임금 관계에 놓여 있지 않은 모든 이에 대해"라는 단서가 붙어 있었다. 만일 당시 어떤 사람이 한 수평파에게 이 유보 사항은 민주적인 것이 아니라고 말했다면, 그 수평파는 매우 놀라는 표정을 지으며 이 항의를 이해하지 못했을 것이다. 도대체 그 초안을 통해 선거권에서 배제된 이들이 누구였겠는가? 당시 임금을 위해 노동하는 계층은 어떻게 생각되었겠는가? 영국에서 일련의 혁명이 사회의 모든 계층을 잇달아 전면에 부상되었는데도, 이 혁명의 연대기 속에 노동자 계급의 등장에 관해서는 아무것도 나타나 있지 않다는 것, 이는 영국 혁명의 근본적 특성을 매우 특징적으로 나타내주는 것이다. 심지어 우리는, 런던에서의 도제 봉기에 관해서는 읽을 수 있지만, 노동자의 봉기나 그 밖의 동요에 관해서는 아무것도 읽을 수 없다. 즉 영국에서 임금을 위해 노동하는 사회 계층은, 당시의 사회 구조의 결과로 인해, 전혀 의미를 갖지 못했고, 발전하지 못한 상태였다. 수공업 노동자는 기능을 습득하고 난 후에 곧 독립적인 점포를 차린 기능장이 되었다. 그에게 노동자로서의 지위는, 단지 거쳐가는 과도기, 즉 7년이라는 도제 규정에 비추어볼 때 개별 노동자들의 삶에서 대부분 매우 짧은 시기를 의미했다. 그 결과 그는 자신의 기능장에게 계급 적대자로 대립하고 있지 않았다. 그는 사회적으로 반쯤은 미성년자였다. 즉 그는 기능장과 함께 숙식했으며, 기능장의 정치 세계를 공유했고, 그에게 구조적으로 속해 있었다. 이러한 노동자와 같은 사람들에게 선거권을 준다는 생각은 당시의 정치가들로서는 결코 떠올릴 수 없는 것이었다. 노동자 자신도 요구하지 않았으며, 요구할 생각을 결코 하지 못했을 것이다. 이러한 것이 당시의 상황이었고, 이후 다른 나라들에서도 그러했다. 수공업에서 도제 수업을 마친 압도적으로 많은 사람들에게 임금 노동자로서의 지위가 하나의 과도기를 의미하는 한, 임금 노동자들은 진정한 의미에서 계급에 해당하는 것을 전혀 형성할 수 없으며, 따라서 이들은 자신의 고유한 정치적 요구들을 제기할 수도 없다.

3. 수정주의와 마르크스주의 발전 이론

17세기 당시의 사회 구조가 특정한 정치적 관점——그 시대의 급진적인 정치가조차 단 한 번도 관념 속에서 뛰어넘을 수 없었던——을 창출했듯이, 새로운 시대의 자본주의적 발전은 다른 사회적 관점——이론가가 없었다고 해도, 실로 선동가가 없었다고 해도 조만간 곳곳에서 분출될 수밖에 없었을——을 창출했다. 자본주의의 발전은 노동자 계급을 창출했다. 이때 노동자 계급이란, 한번 임금 노동자면 평생 임금 노동자인 계층을 의미한다. 즉 임금 노동자 계급은, 일시적이 아니라 지속적으로 다른 이에게 경제적으로 종속된 계급이다. 그러나 반면 이 노동자 계급은, 중세나 중세 후기, 그리고 자본주의 시대 직전에 수공업 분야에서 일했던 조수처럼 시민적으로 미성숙한 존재가 아니라, 임금 노동자로서 결혼하고, 임금 노동자로서 가족을 구성하며, 또한 임금 노동자로서 국가와 사회에 포괄적인 요구를 가지고 있고 이 요구를 위해 투쟁해야만 하는 사람들이다. 도대체 어떤 조세가 과거의 수공업 도제의 흥미를 끌었을까? 조세는 그에게 거의 직접적으로 의미를 갖는 것이 아니었으며, 단지 그의 기능장을 통해서만 간접적으로 의미를 갖는 것이었다. 오늘날 전체 상업 정책과 조세 정책은 한 가정의 가장인 노동자에게 직접적으로 영향을 미친다. 오늘날 생활비를 앙등시키는 모든 것은 노동자를 압박한다. 그리고 그 결과 그는 과거와는 전혀 다르게 국가에서 일어나는 모든 일에 관심을 가지며, 그리하여 입법 과정 속에 대변되고 입법과 행정에서 영향력을 행사해야 할 필요와 요구가 그에게 필연적으로 분명하게 드러날 수밖에 없다.

따라서 간헐적인 경제적 투쟁은 차치하고라도, 노동자와 자본가가 된 기능장 사이에 계급 적대가 서서히 형성된다. 노동자들은 자신과 고용주 간의 깊은 사회적 격차를 의식하게 되며, 이제 그들의 임금 투쟁은 사회적 성격을 띠게 된다. 이러한 상황은 중세나 중세 후기의 임금 투쟁에서는 전혀 볼 수 없었던 것이다. 당시의 임금 투쟁에서 볼 수 있었던 것은 대부분 단지 일종의 호주머니 돈을 위한 싸움이었을 뿐, 존재 조건을 위한 투쟁은 결코 아니었다. 대체로 장인들의 투쟁은 임금을 중심으로 한 것이 전혀 아니었다. 중세 독일에서 우리에게 보고된 수공업 장인들의 최대 규모 투쟁인, 콜마르와 엘자스에서 10년 동안 지속된 빵집 일꾼들의 투쟁은, 그 장인들이 교회 축제의 제례 행렬에서 차지할 자리를 놓고 벌인 것이었다. 오늘날에는 상당히 우습게 보이지만, 중세의 장인들에게는 제례 행렬에서의 자리가 매우 중요한 문제였다. 당시 민중의 삶에서 교회가 얼마나 큰 역할을 수행했는지를 간과할 수는 없다. 제례 행렬에서의 자리는 사회적 의미를 지닌 한 부분이었다. 그러나 그 사회적 의미는 생업에 관계된 것이지, 계급에 관계된 것은 아니었다.

　오늘날의 노동자 투쟁을 결정하는 것은 전혀 다른 계기들이다. 오늘날 모든 직업의 노동자 운동의 특성으로 각인된 것은 임금, 노동 시간, 그리고 노동권을 중심으로 한 투쟁이다. 그리고 현대의 생산이 온갖 종류의 노동자들을 공장과 작업장으로 모이게 함에 따라, 공통의 이해관계에 대한 감정이 전체 노동자 계급에게 스며들게 된다. 중세와 중세 후기에 우선 개인적이고 특수한 운동일 뿐이었던 것, 혹은 억압받는 전체 인민의 부분적 상승이었던 것이, 이제는 *계급*으로서의 노동자 운동이 된다. 이 운동은 일생 동안 지속되는 임금 노동자의 실제적 필요, 국가에서의 그들의 법적인 필요, 생산과 교환 그리고 물품 분배에서의 그들의 경제적 필요, 성인으로 인정받기 위한 그들의 사회적 필요와 관련되어 있다. 이러한 사실과 관련해, 카를 마르크스와 그와 함께 일했던 프리드리히 엥겔스는 현대 노동자 투쟁의 거대한 사회적 목적에 관해 다음과 같은 생각을 표명했을 것이다. 사회주의의 수단과 목적은 *발명erfunden*되는 것이 아니라 *발견gefunden* 되어야 한다는 것이다. 즉 그 수단과 목적은 반드시, 거대한, 스스로 점점 더 성장해가는 이 노동자 계급의 물질적이고 법적인 필요 속에서 *발견되어야* 하고, 이 계급의 현실적 발전의 *조건* 속에 이미 *기본적으로 놓여 있게* 될 것이라는 말이다. 이러한 것이 사실이 되자마자, 〔그런 식으로 발견되는〕 사회주의의 수단과 목적은, 그것이 그 밖의 어떤 식으로든 고안되는 것보다 훨씬 더 확고한 기초를 사회주의적 노력에 제공하게 된다. 이로써 마르크스와 엥겔스는, 이렇게 표현해도 좋다면, 사회주의를 날개 달린 공상의 영역에서 사회적 삶의 현실이라는 냉혹한 대지 위로 이끌어냈으며, 그들에 앞선 사람들보다 훨씬 높은 정도로, 사회주의 이론을 관념적 연역의 영역에서 현실적 추론의 영역으로 이전시켰다.

그럼에도 그것은, 당시에는 많은 사회주의자들의 눈에 사회주의 이론의 심한 제한으로 보였다. 무엇보다도 사회주의적 유토피안들, 더 정확히 말하자면, 정통성에는 다소 차이가 있지만 이들의 *제자들*―― 왜냐하면 오언, 푸리에, 생시몽은 그동안 이미 타계했기 때문이다――, 전체 사회 체제를 만들어내고 매우 아름다운 완전한 사회를 종이 위에 고안했던 시스템 축조자들, 스스로를 '진정한 사회주의자die wahren Sozialisten'라 불렀던 독일의 관념적-철학적 사회주의자들은 마르크스의 교의에서 사회주의의 심각한 약화를 보았다. 방금 말한 사람들 중 하나인 카를 그륀Karl Grün은, 때때로 절대주의 국가를 전복해 입헌 국가를 건설하자는 요구를 사회주의에 대한 배신이라고 말하는 데까지 나아갔다. 사회주의는 여전히 공상에 깊이 뿌리박고 있었기 때문에, 독창적인 독일의 노동자 출신 사회주의자 빌헬름 바이틀링Wilhelm Weitling은, 사회주의 목적을 실현하기 위해서 감옥 복역자들을 동원해야 한다는 착상을 하기도 했다. 이와 비슷하게 생각했던 모든 사람에게 마르크스의 이론은 관념적으로 얻어진 위대한 이념의 축소—— 포기는 아닐지라도—— 로 여겨졌다. 이러한 상황은 다른 곳에서도 마찬가지였다. 최근에 베를린의 《전진Vorwärts》의 한 기념호에서, 러시아의 마르크스주의자인 플레하노프는, 1880년대에 러시아에서 마르크스의 교의를 내가 여기서 간단히 묘사한 식으로 대변했던 사람들이 관념적 경향의 인민주의자들과 혁명적 사회주의자들에 의해 어떻게 자본의 협력자나 자본의 자발적인 봉사자로 공격받았던가를 설명한 적이 있다. 이들이 공격받은 것은, 마르크스가 그랬듯이 노동자 계급의 발전에 대한 자본주의 발전의 필연성을 강조했기 때문이었다. 그러나 당시 러시아에서 일어났던 일은, 또한 다른 많은 곳에서 일어났다. 그러한 사례 중 하나는 매우 특징적인 것이다. 최종 목적에 관해 앞서 언급한 문장을 공표했을 때, 바로 그 플레하노프는 나를 매우 격렬히 공격했다. 그러나 러시아 혁명가들이 그를 '러시아의 베른슈타인'이라고 부르는 것은 그에게 피할 수 없는 운명이었다. 마르크스의 교의 역시 실천적으로 적용하는 가운데 발전하는 것인 한 그것은 실천의 영역으로 옮겨져야 하는 것인데, 그러나 그러한 실천적 적용은 많은 사회주의자들에게는 사회주의의 최종 목적을 포기하는 것으로 보였다. 그런데 이것은〔최종 목적을 포기하는 것으로 보는 것은〕 어떤 의미에서는 옳다. 내가 볼 때, 근본적으로 마르크스의 이론은 사실상 *최종 목적*에 관한 이념을 버렸기 때문이다. 발전 사상에 바탕을 둔 사회 이론의 경우, 최종 목적이란 존재할 수 없다. 그 이론에 따르면 인간 사회는 언제나 발전 과정 아래 놓여 있다. 물론 발전 사상의 기초에는 〔그 발전의〕 거대한 *방향*과 목*적들*은 있을 수 있지만, *최종 목적*이란 존재할 수 없다. 잠정적으로 최종 목적이라 부를 수 있는 것이 있다고 해도, 그것은 선험적으로 머리에서 고안되어서는 안 되며, 반대로 운동 자체의 현실적 투쟁에서 형성되는 것이라야 한다.

물론 마르크스의 저작들에 미래상이 제시되어 있는 것을 우리는 본다. 특히, 이미 1847년에 씌어진 〈공산당 선언〉 말미에 그러한 것이 있다. 거기에는, 노동자들이 정치권력을 장악한 후에 현재 사회 전체를 변혁시켜, 협동적 성격을 지닌 새로운 사회를 설립하게 된다고 표명되어 있다. 그러나 그것은 매우 일반적인 윤곽으로 암시된 것이고, 노동자가 그들의 생활 조건에서 스스로 형성해야만 하고 실제로 그렇게 형성해왔던 데서 보여지는 노동자 계급의 사회적 이상과 잘 들어맞기 때문에, 우리는 그 구절을 단순한 관념으로 생각할 수는 없다. 물론 우리는 그러한 방식으로 미래를 예측할 수 있기 때문에, 확실한 발전 경향은 이러저러한 다가올 사태의 형상을 보여준다고 말할 수는 있다. 이것은 물론 또한 추론이지만, 관념적 근거가 아니라 현실적 근거 위에 기초한 것이다. 그러나 적어도 〈공산당 선언〉은, 세부 사항에서 아주 독창적이고 마르크스 역사 이론의 대단히 많은 부분을 이미 발전시키고 있음에도 불구하고, 마르크스의 완전한 정신적 높이에 기초한 산물임을 보여주는, 그러한 마르크스의 산물로 묘사될 수는 없다. 이 범주에 속하는 것은, 오히려 마르크스가 당시 경제적으로 가장 발전한 나라였던 영국에서 연구한 후 쓴 저작들이다.《정치경제학 비판을 위하여》[36]라는 저작은 그중 최초의 서론격에 해당하는 것이며, 그것들의 정점에는《정치경제학 비판을 위하여》를 부분적으로 고쳐 쓴 위대한 저작《자본론》이 있다.《자본론》서문에서 마르크스가 유기적 발전 사상을 매우 특별히 날카롭게 강조하고 있는 두 구절을 볼 수 있다. 그중 첫 번째 구절은 이것이다.

"비록 사회가 *그 운동의 자연법칙*을 해명하는 실마리를 얻었다고 할지라도, 그 사회는 *자연적인 발전 단계들을 뛰어넘을 수도, 법령으로 제거할 수도 없다*. 다만 사회는 그 산고產苦를 완화하고 단축할 수는 있다."

이 구절이 다시 사회주의 혁명 사상에 대한 본질적 제한을, 혹은 달리 표현하고자 한다면, 그것의 약화를 포함하고 있다는 것은 공공연한 사실이다. 사회를 그들의 기분이나 공상 또는 어떤 고정된 도식에 따라 개조하는 것은 노동자 계급이나 다른 어떤 계급의 자의에 맡겨져 있는 것이 아니라고 이 문장은 말하는 것이다. 즉 어떤 의미 있는 사회적 변혁이

가능하려면, 사회의 전체 생활 조건이 달라져야 하고 특정한 발전의 성숙이 포함돼 있어야 한다는 것이다.

　내가 인용하고자 하는, 그리고 첫 번째와 마찬가지로 1866년에 나온 두 번째 구절은 다음과 같다. "오늘날의 사회는 결코 고정된 결정체가 아니며, *변화할 수 있고 끊임없는 변화과정 안에 있는 유기체*(이다.)." 여기서도 사회주의 변혁이라는 개념은 특정한 한계를 포함하고 있다.

　이제는 모든 수정주의자가 마르크스의 이 두 구절에 동의한다. 실로 수정주의자는 아마도 마르크스보다도——나는 기꺼이 이를 인정한다——, 아니면 적어도 마르크스의 제자에 속하기는 하나 수정주의자들이 보기에는 협소한 마르크스주의 정통파를 형성하고 있는 일군의 사람들보다도 더 큰 의미와 영향력을 이 문장들에 부여한다. 왜냐하면 이 정통파들은 마르크스가 특정한 역사적 전제의 기초 위에서 작성했던 구절들에 대해, 그것이 지닌 상대적일 뿐인 의미를 인정하는 대신 지속적이고 독단론적인 힘을 부여하고 있기 때문이다. 빈번히 일어나는 일이지만, 현실의 발전이 적어도 단지 이론적으로 설정되었을 뿐인 발전[의 도식]에서 이탈할 때, 우리가 보기에는, 카를 카우츠키를 주요 대변자로 한 마르크스주의 정통파는 원래의 전제 위에서 추론된 공식도 달리 변화되어야만 한다는 것을 인정하는 대신, 필사적으로 그러나 전혀 무익하게 저 공식을 고수하고 있다. 그리고 그들은 순수하게 해석상의 기교일 뿐인, 그리고 진정한 과학적 이론에 전혀 걸맞지 않은 수단으로 그 공식을 유지하기를 추구한다. 저마르크스주의자들 중 많은 사람이 하나의 분파를 형성하고 있는데, 비록 그들이 궁극적으로는 마르크스가 스스로 수정한 온갖 종류의 문장과 사상으로 점차 귀환한다고 할지라도, 그들은 마르크스가 그의 발전의 정점에서 작성한 저술보다 오히려 〈공산당 선언〉에 의존하기를 원한다고 말할 수 있다.

4. 마르크스주의와 대산업의 발전

〈공산당 선언〉은, 마르크스도 인정해 나중에 사태의 변화에 따라 자신이 수정했던 유기적인──아마도 이렇게 말할 수 있을 것이다── 결함, 그리고 엥겔스가 명백히 인정했던 결함을 지니고 있다. 〈공산당 선언〉은 현대 사회의 발전 속도와 경향성을 현저히 과대평가했다는 결함을 지니고 있다. 마르크스의 오랜 망명 동지인 빌헬름 리프크네히트Wilhelm Liebknecht는 우연히 이를 공적으로 표명한 바 있다. 또한 리프크네히트는, 당시 마르크스가 발전 과정을 얼마나 과대평가했던가에 관한 재미있는 이야기를 내게 개인적으로 들려준 적이 있는데, 그것은 마르크스의 격렬하고 혁명적이며 생기에 찬 정신에 비추어보면 충분히 이해할 수 있는 일이다.

그러나 마르크스가 〈공산당 선언〉을 썼을 때 그는 아직 영국에 있지 않았으며, 실로 영국의 전체 세계 제국을 초보적인 힘으로 전복하려 했던 것으로 보였던 당시 영국 노동자의 위대한 투쟁을 멀리서 들었을 뿐이었다는 사실을 우리는 잊어서는 안 될 것이다. 《자본론》에서 마르크스는 자신의 원래의 전제들을 많은 부분 수정했다. 그러나 우리는 거기에서도 자본주의의 발전 속도가 여전히 매우 지나치게 일방적으로 평가되고 있음을 알 수 있다. 따라서 마르크스 저술의 근거가 된 전제에서 나온 추론 중 많은 것은 옳으나, 어떤 것은 옳지 않거나 앞으로 *더 이상 옳지 않게 된다*. 부르주아적 경제 질서의 발전을 위해서는 오랜 시간이 필요했고, 그 발전 상태는, 이 사회 형태가 마르크스나 그의 동시대인들이 가정했던 것보다 훨씬 큰 확장 능력과 성숙 가능성을 지니고 있음을 보여주어왔다. 그리고 그 발전이 오랫동안 지속되어왔기 *때문에*, 또한 부르주아적인 즉 자유로운 교환 경제가 영역을 매우 많이 확장해왔기 *때문에*, 이 시대에 자유로운 경제가 새로운 조직 형태——마르크스가 그 상세한 내용을 완전히 예견할 수 없었고 그 영향력의 크기를 충분히 논구할 수 없었던——에 생명을 불어넣을 수밖에 없었다는 것은 완전히 불가피한 일이었다. 마르크스가 물론 올바르게 예견했지만, 그것이 미칠 파급력에 대해서는 전혀 올바르게 평가하지 못했던, 아니 어떤 초인적인 수단으로도 정확하게 평가할 수는 없었을 한 사실을 예로 들어보자. 그것은 자본주의를 통해 성취된 세계 시장의 강력한 확장, 즉 세계 무역뿐만 아니라——이것은 이전에도 이미 존재했다——또한 통상적으로 유럽에서도 얻을 수 있고 생산해내는 그러한 상품의 생산과 교환에도 해외 나라의 편입이 있게 된 사실이다. 이 사실과 결부된 상품 생산의 강력한 증대가 엄청난 힘으로 진행된 것은, 단지 《자본론》이 씌어진 후에, 그리고 마르크스가 매우 미미하게 발전된 경제 교역 사례에서 자신의 결론을 이끌어내고, 그 결론의 많은 부분——이 중 일부분만이 살아남을 수 있었던——을 제시한 후에야 가능했던 일이다.

오늘날 상품 생산과 상품 교환의 규모가 얼마나 거대한지, 세계 무역이 얼마나 거대하게 발전해왔는지에 대해, 좀 더 한정된 내 조국 독일에서 몇몇 수치를 인용할 수 있을 것이다. 독일의 대외 교역은 1880년에 총 60억 마르크에 미치지 못했다. 그러나 1907년에는 180억 마르크가 되었다. 가치로 보면 교역이 세 배나 증가한 것이다. 이에 비해 인구는 단 40퍼센트가량만이 증가했을 뿐이다. 그리고 이 대외 교역은, 수출에 관해서 보자면, 오늘날 대체로 독일 산업 생산품을 수출하는 것이다. 독일 산업은 최대 기업의 경우 단순한 국유화의 범위를 뛰어넘어 성장했다. 독일 산업은 국내만이 아니라 세계 시장을 부양하고 있다. 독일의 산업은, 생산물의 3분의 2까지 해외로 보내고, 독일 내에서는 생산의 반에 못 미치는 부분만을 파는 것이다. 마르크스 사후 4년 후인 1887년에 독일 철도의 대외 화물 교역은 1,889만 톤에 달했는데, 18년 후인 1905년에는 4,360만 톤에 이르게 되었다. 독일 항구의 *해선 교역량*은, 1883년에 수출-수입 선적을 포함해 1,551만 톤이었던 것이 1905년에는 3,833만 톤에 이르렀다.

세계 시장과의 어떤 연관이 발전했으며, 그것을 위한 새로운 〔산업〕 형태들이 얼마나 대규모적으로 형성되었는가에 대한 보기를, 마르크스로서는 그 시초밖에 인식할 수 없었을 뿐인 완전히 현대적인 산업 중 하나의 사례가 제시한다. 그것은 전기 산업, 전기 기계 생산, 전기적 빛과 전력의 공급 설비 및 공급 기업이다. 독일에서 이 산업의 가장 큰 회사는 베를린 알게마이네 전기 회사이다. 이 회사는 1907년에 1억 마르크의 주식 자본을 가지고 있었는데, 이것은 증권거래소 시세에 따르면 2억 2,000마르크에 해당하는 것이었다. 게다가 이 회사는 3,700만 마르크의 채권 자산과 4,700만 마르크의 예비 자본을 지니고 있었으니, 증권거래소 시세를 차치한다 하더라도 1억 8,400만 마르크의 설비와 기업 자본을 가진 셈이었다. 그러나 이것으로 이 회사의 자본의 힘이 끝난 것이 아니다. 이 전기 회사는 베를린의 대부분 지역에 전력을 공급하는 베를린 발전소에 관여하고 있으며, 총 1억 1,400만 마르크의 자본을 갖고 있는데, 물론 이 자본금의 증권거래소 가치는 훨씬 높다. 나아가 이 회사는 주식 소유를 통해서, 전기 관런 기업을 위해 자체적으로 취리히에 설립한 은행에 실질적인 최고 감독권을 행사하고 있다. 취리히에 은행을 설립한 것은, 거기서는 세금을 좀 더 적게 낼 수 있고 불편한 통제에서 벗어날 수 있기 때문이다. 이 회사는 전 세계의 전기 관련 기업들에 재정을 지원하며, 이 기업들은 그들이 사용하는 기계 등을 알게마이네 전기 회사에서 구입해야 한다. 또한 알게마이네 전기 회사는 주식 소유를 통해 20여 개의 다른 기업들에 관여한다. 그리하여 알게마이네 전기 회사의 지점으로 또 하나의 전기 공급 회사가 존재한다. 나아가 알게마이네 회사는 미국에서 제일 큰 전기 회사인 제너럴 일렉트릭 사와 어떤 쌍무 계약——물론 이보다 더 나은 이름이 있을 수도 있겠지만——을 맺고 있다. 이 두 유력 회사는 자신들의 해외 시장을 위해, 말하자면 세계를 분할했다. "당신들은 세계의 이쪽 반을, 우리는 다른 쪽 반을." 따라서 그들은 세력 확대를 위한 출정 대열에서 상대방의 세력 범위를 침범하지 않는다. 또한 알게마이네 전기 회사는 자신의 영역에서, 독일에서 두 번째로 큰 전기 회사, 즉 회사 이름의 첫 번째 자리에 위대한 발명가 베르너 지멘스Werner Siemens의 이름을 지니고 있는 기업인 지멘스-할스케 사와 다시 카르텔 관계에 있다. 지멘스-할스케 사는 9,300만 마르크의 자본을 대표하며, 1억 1,000만 마르크에 이르는 자본을 소유한 남독일의 지멘스-슈커트 사와 긴밀히 결합되어 있다. 지멘스 그룹의 다른 자회사는

1,500만 마르크의 자본을 가지고 있으며, 더욱이 지멘스 그룹은, 지멘스의 특정 금융 업무를 처리하는, 독자적으로 설립한 '전기 은행'을 수중에 갖고 있다. 최근 이 두 거대한 결합체[37]는 그다음으로 큰 독일 전기 회사 중 몇몇과, 공시 사항의 경우 공동 행동을 취할 것에 대한 협약을 은밀히 체결했다. 이 회사들 중 가장 중요한 것은 프랑크푸르트암마인의 펠텐-귈라우메 운트 라마이어이다. 이 회사의 설립 자본금은 8,000만 마르크이지만, 여기에 이 회사의 일부를 이루는 여러 공장의 자본금이 더해진다. 거대한 독점 회사들의 유착으로 이루어진 여러 기업들은 실제로 오늘날 독일에서 이런 식으로 얽혀 있으며, 독일뿐만 아니라 나머지 세계의 거대한 부분의 전체 전기 산업을 가능한 한 자신에게 복속시키기 위해 서로 공모하고 있다. 또한 이러한 현대 산업이 보여주는 것과 마찬가지로, 우리의 거대한 제철 공장 역시 세계적으로 유명한 철강협회 신디케이트를 결성하고 있다. 또한 섬유 산업, 제지 산업, 그리고 인쇄 산업 등에서도 협회가 결성되어, 국내 시장뿐만 아니라 해외 시장에서도 자신의 활동을 보장하고 있으며, 노동자들은 국내의 한계를 훨씬 넘어서, 이전에는 상상할 수 없었던 세계 시장에 대한 의존에 빠져들고 있다.

요컨대 새로운 발전은, 마르크스가 당시에 인식하지 못했고 또 인식할 수도 없었던 산업 조직과 경제 교류의 새로운 형태를 창출했다. 마르크스가 저술을 하던 시대에는 1,000

명에서 2,000명의 노동자를 가진 기업이 이례적으로 큰 기업이었던 반면, 오늘날에는 2만 명에서 3만 명 혹은 4만 명까지 노동자를 고용한 기업들이 있다. 이러한 현실이 발전된 산업에 속한 노동자들의 의식에 어떻게 반영되고 있는지를 보는 것은 흥미롭다. 독일의 공식적인 기업 통계는 기업을 소·중·대기업으로 구분하고 있다. 이 통계에 따르면, 소기업은 고용 인원이 5명 이하인 기업, 중기업은 6명에서 50명 사이인 기업, 대기업은 50명을 넘어서는 기업을 말한다. 공식적인 통계로는 그렇다. 그런데 현재 노동자들의 견해는 어떤가. 7년 전인 1902년 베를린의 금속 노동자들은 베를린의 임금 관계 및 근로 시간 상황에 대한 통계 조사를 실시했다. 책으로 나온 이 조사에서 기업 구분은 마찬가지로 소·중·대기업으로 되어 있다. 그러나 노동자들은 *100명에 달하는 인원*을 고용한 기업들까지 모두 소기업으로 간주했다! 그들이 볼 때 중기업은 101명에서 500명을 고용한 기업이며, 500명이 넘는 경우만이 대기업인 것이다! 그것은 내가 참석한 금속 노동자 집회에서 거의 유머로까지 표현되었으며, 강연 후 다양한 작업장에서의 상황이 논의되었다. 그 집회에서 한 노동자가 나서서 특정 기업의 상황을 묘사했는데, 그는 흥분해서 이렇게 경멸을 표현했다. "여러분은 그것이 어떤 회사일까 생각할 겁니다. 거기에는 그저 100명의 노동자만이 고용되어 있을 뿐입니다." 100명의 노동자를 고용한 회사는 종종 이미 백만장자를 소유자로 전제하고 있다. 그러나 금속 산업 노동자의 눈에는, "그저 100명의 노동자만"을 고용하고 있는 회사는 '소매 상점' 이상이 아니었던 것이다.

그렇게 사정은 너무도 크게 변했다. 1850년에는 30마력 미만의 기계만 산업에 사용되었다. 그러나 오늘날 대산업에서는 3만 마력까지 가능한 기계를 사용한다. 여기에 덧붙여, 오늘날에는 전기를 소재 변화의 여자기勵磁機로 사용하는 *전기화학*이 발전해, 전혀 새로운 생산 부문을 창출하고 있다. 이 모든 것은, 비록 마르크스가 미리 서술할 수 없었을지라도 여전히 원칙적으로 마르크스 발전 도식의 연장선상에 놓여 있으며, 그리하여 또한 마르크스주의 정통파에 의해 이론의 정당성의 증거로 곧잘 인용된다. 그러나 그것은, 경제 관계와 노동자 투쟁의 조건, 그리고 사회 변혁의 가능성과 형태에 대한 반작용에 있어서 마르크스가 고려하지 못한 영향력을 지니고 있다.

우리가 세계 산업을 국유화할 수 있을까? 만일 그렇다면 그것은 무엇을 의미하게 될까? 대부분 영리를 추구하는 사업으로 이루어진 공장을 현대 국가가 접수할 수 있을까? 자체 생산물과 경영 능력을 가지고 세계 시장에 한 경쟁자로 등장한 공장, 판매와 주문을 위한 투쟁에서 현대 경쟁의 그 모든 훌륭한 특성을 발전시켜왔던 그 공장을 말인가? 그리고 국가가 그러한 일을 하려고 하지도 않고 또 할 수도 없다면, 그렇다면 우리는, 현대 국민 경제에서 아주 큰 비중을 차지하고 전체적으로 상당한 노동자 군단을 고용하는 기업들, 그리고 국민 복지에 큰 몫을 담당하는 기업들을, 국가가 즉시 접수할 수 없다고 해서 사회적 붕괴 속에서 몰락해가도록 버려둘 수 있을까? 그렇게 몰락에 맡겨두는 것이 과연 가능한가? 물론 그것은 불가능하다! 그 기업들을 서서히 더 강한 사회 통제stärkere Kontrolle der Gesellschaft――점차 기업을 완전히 지배하는 데 이르게 될――아래 두기 위해서는 전혀 다른 수단과 방법을 사용해야 할 것이다. 현실의 혁명 운동에서 이러한 점을, 특히 러시아 산업 중심지의 노동자들이 느끼게 되었던 것이다.

1905년에 그토록 거대하고도 희망차게 시작된 러시아 혁명에 대해서 당분간은, 그것이 당시 쟁취한 것은 제거될 수 없다는 것, 적어도 그 일부분은 차르 반동의 온갖 야만성에도 불구하고 남아 있다는 것만은 말할 수 있다. 그 러시아 혁명은 당시 러시아의 거대한 산업 중심지였던 차르코프, 로스토브, 모스크바, 페테르부르크, 바르샤바, 그리고 특히 이른바 러시아의 맨체스터였던 로츠에서 노동자를 산업의 지배 세력으로 만들었다. 차르의 권력은 땅에 떨어졌다. 관료와 경찰의 모든 권위가 동요되었다. 경찰은 공장주에게 이렇게 말하게 되었다. "어떻게 여러분이 노동자들을 마음대로 할 수 있겠는가 생각해보십시오. 우리도 여러분을 도울 수 없습니다." 로츠에는 7,000~8,000명의 노동자를 둔 공장들이 있다. 이 공장들에서 언젠가 한번 노동자들이 거의 지배자가 되었던 적이 있었다. 소유주들은 해외로 도피했고, 회사 경영을 지배인과 경영인에게 넘겨주었다. 이들 중 몇몇은 노동자들에게 사살되었다. 육체적 안전을 원한다면 이들은 아주 간단하게 노동자의 요구 조건에 복종해야 했다. 그러나 그것은 비교적 짧은 시간에 이루어졌다. 그러한 상황에서는 이제까지의 공장 소유자가 노동자들에게 이렇게 선언하는 순간이 반드시 오게 되는 것이다. "여러분은 우리를 위해 공장을 존속시키는 것입니다. 우리는 더 이상 공장을 경영하지 않을 겁니다. 지금 우리에게 역사란 아무래도 좋습니다." 내가 잘못 생각한 게 아니라면, 카우츠키는 혁명이 일어난 지 이틀 후 여기 네덜란드에서 한 강연에서, 공장주의 편에서 공장을 자발적으로 포기하는 것이 노동자 계급 혁명의 첫 번째 결과이며, 공장주들은 "자 좋다, 공장을 가지고 가라, 그러나 만족하자"라는 식으로 말하게 될 것이라는 생각을 펼쳤다. 확실히 이는 매우 개연성이 높은 상황이다. 또한 이런 방식의 몰수는 매우 적은 비용으로[38] 이루어질 것이라는 점을 인정한다. 그러나 문제는 다음과 같은 것이다. 국가가 접수할 수 없는 공장을 노동자들이 스스로 접수해 성공적으로 경영하는 것이 필연적이거나 가능한 일인가? 그러나 이제까지 관찰한 모든 것에 따르면, 우리는 필연적으로 노동자들이 공장을 접수하려 하지도 않을 것이며 접수할 능력도 없다는 결론에 이르게 된다. 그렇게 싸게 몰수된 공장은 혁명 속에서 텅 빈 껍데기가 될 것이다. 러시아 곳곳에서 벌어진 노동자의 지배는, 이제 노동자들이 거꾸로, "우리는 이제 당신들이 지배자라는 것을 다시 깨달았습니다. 그리고 당신들의 명령을 조용히 따를 것입니다"라고 공장주들에게 선언하는 때가 도래함으로써 끝을 맺었다.[39] 노동자의 산업 독재는 그렇게 단순하게 실현될 수 없었던 것이다. 경제적 삶이란, 인간의 단순한 의지만으로는 뛰어넘을 수 없는 특정한 삶의 법칙을 가지고 있는 것이다.

5. 마르크스주의와 사회 계층

내가 말하는 것에 반마르크스주의적인 사유는 결코 없다. 오히려 마르크스 자신이 이끌어내지 못했지만, 그의 이론의 근본 사상과 일치하는 추론이 있다. 수천 년의 발전을 거쳐 이루어진 관행과 관습을 지닌 사회를, 당장 근본적으로 다른 방향으로 바꿀 수는 없다. 이것은 말하자면, 자본주의에서는, 사회의 구성과 구조가 단순화되고 전체적으로 단순한 관계가 창출된다는, 자본주의에 관해 오랫동안 예견되어왔던 결과가 수반되지 않았기 때문이다. 전혀 아니다. 사회는 더 복잡해졌으며, 계급 구성도 더 복잡해진 데다 계속 분화하고 있다. 산업과 상업에서 소기업은 없어지지 않고 단지 〔대기업에 의해〕 추월당했을 뿐이며, 그 성격과 경제적 지위가 변했을 뿐이다. 물론 그들 중 많은 부분은 사라지고 대기업에 의해 없어지고 흡수되었다. 그러나 그렇게 사라진 만큼 자본주의는 새로운 소기업을 창출했다. 추상적인 논의에 머물지 않기 위해서, 나는 이에 대한 예를 하나 들고자 한다. 현대의 자본주의 물결이 휩쓴 나라들에서 예전의 형태가 거의 완전히 사라진 산업은 함석 제조업이다. 함석 제조 장인은 오늘날 더 이상 냄비나 주발을 만들지 않는다. 이것들은 오늘날 공장에서 만들며, 함석 제조 장인은 기껏해야 이것을 팔 뿐이다. 함석 제조업은 작업의 대부분을 상실했음에 틀림없다. 그러나 예전에 함석 제조 장인이 있었던 곳에는 오늘날 전기 설비 일을 하는 대·중·소규모의 배선공들이 있다. 즉 대산업의 토양 위에서 소기업 산업이 다른 형태로 발전해온 것이다! 또한 여타 많은 산업 부문에서도 우리는 비슷한 사례를 관찰할 수 있다.

농업에서 소기업의 존속은 더욱 강력하다. 농업에서 중기업과 같이 소기업은, 사회민주주의가 마르크스 경제학설의 영향 속에서 이전에 가정했던 것보다 훨씬 큰 저항력과 경영 능력을 보여주었다. 마르크스는 농업에서도 소기업이 몰락할 것이라 가정했다. 왜냐하면 마르크스가 경제를 연구하던 당시, 자본주의적으로 가장 선진국이었던 영국에서는 농업이 사실상 압도적으로 대토지 소유의 수중에 있었기 때문이다. 그러나 이 대토지 소유는 인위적으로 창출된 것이며, 영국 법과 그 밖의 다른 영국적 사회관계의 특수성으로 인해 유지된 것이다. 더욱이, 당시 영국에서, 광대한 평지와 평야를 가진 지역에서 여전히 대표적으로 나타났던 곡물 경작이 대기업에게, 소기업에 비해 대단히 우월한 지위를 보장했다는 사실 역시 전혀 반박할 여지가 없다.

나는 더 나아가고자 한다. 왜냐하면 나는 선입견이 된 어떤 이론을 위해서 사실을 못 본 척하는 일에는 전혀 관심이 없기 때문이다. 내가 추구하는 것은 진실을 인식하는 것이다. 만일 내가 정통 마르크스주의자들에 반대해 제시한 어떤 명제라도, 그것이 사실과 부합하지 않거나 앞으로 더 이상 부합하지 않게 된다면 즉시 그것을 포기할 것이다. 언제라도 이를 다시 인정할 것이다. 소기업이 가장 끈질기게 나타나고 있는 축산업에서조차, 합리적 대기업에서 인간 노동력에 비해 더 큰 생산성을 볼 수 있다는 것, 따라서 순수하게 수학적인 관점에서 본다면, 후자가 우월하게 보이리라는 것, 나는 이것이 사실이라고 생각한다. 그러나 이 세계에서 커다란 역할을 하고 있고 따라서 무시되어서는 안 되는 다른 요소, 즉 노동에서의 심리적 요소를 고려해야 한다. 한 축산 대기업을 생각해보자. 거기에서는 특히 밤에도 가축을 돌봐야 한다. 또 밤에 청소를 해야 하고, 물과 사료를 확보해야 하며, 늘 가축을 보살펴야 한다. 대규모 경제에서 이 일은 임금 노동자나 일꾼이 한다.

그에게 그 일은 노동이다. 그가 그것을 노동으로 간주하는 것은 매우 타당하고 논리적인데, 왜냐하면 그는 그 일을 자신을 위해서 하는 것이 아니며, 그 일 자체에 대한 고유한 이해를 전혀 갖고 있지 않기 때문이다. 이제는 가축을 기르는 소농이나 중농의 작은 농장으로 가보자. 그는 밤에 한 번 더 자신의 축사로 가서 가축들을 돌본다. 그는 그 일을 더 이상 노동이라고 생각하지 않는다. 그에게 그것은 단지, 주로 어떤 기쁨을 가져다주는 직업이다. 그가 정성 들여 돌보는 것이 그 *자신의* 가축이기 때문이다. 그 일을 하느라 어쩔 수 없이 소모되는 물리적 힘은, 심리적 요인을 통해 보상받거나 적어도 상당히 감소되는 듯하다. 이것은, 모든 나라의 축산 경제에서 소기업이 대기업에 비해 매우 강력하게 유지되고, 나아가 대기업을 이겨 지반을 굳히게 만드는 근거 가운데 하나이다.

1907년 6월 12일의 독일 직업 및 기업 통계——이 통계청 결과는 오늘날 널리 알려져 있다——는 다음의 사실을 확인하고 있다. 즉 프로이센과 독일의 다른 지역에서, 농민 기업의 수는 전망이 더 밝다는 것이다. 즉 농업 경제에서 소농 기업과 중농 기업이 10퍼센트 이상 증가했는데, 그것은 실로 기업의 수에서뿐만 아니라 경지 면적에서도 그렇다는 것이다. 이 범주의 경지 면적은 기업 수보다 더욱 많이 증가했다. 반면 대기업의 수와 경지 면적은 감소했다.[40] 그러나 누구도 부정할 수 없고, 또한 사실이 너무도 명백한 만큼 심지어 가장 완고한 보수주의자조차 부정하지 않을 일인데, 산업의 집중은 사회의 계급 구분을 단순화시키는 영향을 낳지 않았다. 산업 집중은 자본가 계급을 감소시키지 않았다. 오히려 현저히 *증가시켰다*. 왜냐하면, 앞에서 언급한 저 거대한 공장 뒤에는 한 명의 거대 자본가가 있는 것이 아니기 때문이다. 거기서는 한 대나 몇 대나, 혹은 한 연대나 몇 연대가 움직이는 것이 아니다. 거기서는 다양한 수준의 주주 형태를 띤, 공동 소유자의 전체 군단이 움직이고 있는 것이다.

나는 여러 저술에서 이 사실을 명백히 언급했고, 특히 다음의 사실, 즉 수백 개의 공장을 흡수하고 있는 미국의 유명한 철강 트러스트는 그 뒤에 약 5만 명의 주주를 갖고 있다는 사실을 지적했다. 또한 다음 사실을 이미 언급한 바 있는데, 여기서 반복하고자 한다. 즉 10년 전에 섬유 트러스트로 결합했던 영국의 21개 거대 방적 공장들은 결합을 통해 섬유 산업에서 가장 중요한 집중을 이루었지만, 그 트러스트가 약 4,500명에 이르는 다양한 수준의 주주를 갖고 있기 때문에 결코 자본가의 수가 감소한 것은 아니라는 것이다. 비슷한 과정이 산업 도처에서 진행되고 있는데, 비인격적 소유 형태가 증가하고 있는 것이다. 원래 한 개인이 창립한 기업의 경우에도 소유는 세대를 이어 분배된다. 처음에는 창립자 가족 내에서 분배가 이루어지지만, 이후에는 기업 규모가 커짐에 따라 외부인에 대한 지분 이전이 점점 더 증가하게 된다.

그리하여 마침내 주식회사보다는 덜 개방적이면서 공동 소유에 적합한 형식을 발견하기 위해 독일 및 여타 지역에서는 유한 책임 회사를 발전시켰다. 유한 책임 회사가 증가하면서 나타난 개별 기업 소유자 수 증가의 전형적인 사례로 런던 《타임스》의 역사가 유용하다. 이 유명한 기업은 125년 전에 존 월터John Walter라는 사람에 의해 런던에서 설립되었고, 지분권이 그의 후손들과 또한 점차 많아진 회사 동업자들에게 더 많이 분배된 상태로 상속되었다. 그리하여 《타임스》 지분의 32분의 1, 64분의 1, 심지어 128분의 1이 이 손에서 저 손으로 옮겨졌고, 마침내 그 신문은 몇 년 전 유한 책임 회사의 소유가 되었다. 더 큰 기업들도 이와 유사한 발전을 보여준다. 앞서 말한 전기 회사 지멘스-할스케는 원래, 중요한 기술자였던 베르너 지멘스와 상업적 재능을 지닌 기계공이었던 할스케라는 두 사람의 소유다. 훗날 소유자의 범위는 지멘스의 아들들이 회사에 들어옴으로써 확대되었고, 다른 사람들도 소유자로 참여하게 되었다. 그리하여 단순한 합명 회사는 *합자 회사*가 되었다. 그러나 이 소유 형태 또한 기업 확대 상황에 비추어볼 때 너무도 협소한 것이었으며, 그리하여 오늘날 그것은, 비록 수천 명은 아닐지라도 수백 명에 이르는 주주, 즉 소유자가 있는 주식회사가 되었다.

주주에 관한 상세한 통계는 어디에도 없다. 그러나 주주 집단의 증가는 소득-재산 통계 간행물에서 확인된다. 소득 통계는 *고소득층과 중간 소득층의 감소가 아니라 증가*를 보여 주고 있는데, 그 증가는 *인구 증가보다 훨씬* 뚜렷하게 *크다*. 내가 듣기로는 네덜란드어로도 번역된 나의 책《사회주의의 전제와 사회민주주의의 과제》에서, 나는 이 사실을 예시하기 위해 프로이센 소득 통계에서 나온 몇몇 수치를 인용했다. 이 수치들은 두 개의 다른 세액 사정을 근거로 했다는 이유로, 즉 서로 다른 세법을 적용하는 두 시기에 취해진 것이라는 이유로 이의가 제기되었다. 그러나 당시에는 그런 일이 불가피했다. 정확한 변화의 모습을 제시하기 위해서는 〔세법 개정 후의〕 좀 더 새로운 시기를 완전히 무시할 수 없었다. 그것이 아니라면 〔세법 개정 후의〕 너무도 가까이 인접한 기간들을 서로 비교해야만 했다.[41] 그럼에도 불구하고 나는, 그러한 대비는 절대적으로 타당한 것은 아니며, 다만 제한적 증거로서의 가치를 지닐 뿐이라는 단서를 그 비판에 추가하고자 한다. 오늘날이라면 우리는 좀 더 확실하게 말할 수 있을 것이다.

1891년 프로이센에서는 최근의 대규모 소득세 개혁인 이른바 미크벨Miquelsch 조세 개혁을 실시했으며, 이 개정 세법을 근거로 1892년 처음으로 소득세가 징수되었다. 이 법은 1906년에 부분적으로 수정되어, 1908년부터 개정된 세액 사정이 시행에 들어갔다. 개정 이전의 미크벨 법이 효력을 발휘한 기간, 즉 1892년에서 1907년의 기간에 대해서만 수치를 고려한다면 이 기간에 프로이센에서는, 연간 소득이

3,000마르크에서 6,000마르크까지인 부르주아 아래 집단의 소득은 20만 4,714마르크에서 36만 9,046마르크로 80.37퍼센트 증가하고, 연간 소득이 6,000마르크 이상인 부르주아 집단의 소득은 20만 4,714마르크에서 36만 9,046마르크로 69.5퍼센트 증가한 반면, 같은 기간에 인구는 단 25.3퍼센트 증가했다는 사실을 알 수 있다. 이 수치를 좀 더 상세히 추적해 더 높은 소득 계층 세부 집단의 움직임을 제시한다면, 각 집단에서 모두 그 증가가 인구 증가보다 훨씬 더 컸다는 사실이 드러나게 된다.[42] 자본가의 수는 증가했지 감소하지 않았다. 사회는 그 기초에서 변화하고 있지만, 사회 계층은 단순화된 것이 아니다.

소득 발전과 재산 분포의 발전에 관해, 원래 사회주의자 집단에서 광범위하게 퍼져 있던 관점과 실제 발전 사이의 차이를 다음 두 그림이 보여줄 수 있을 것이다.

윗줄의 그림은 독일 사회민주당의 에르푸르트 강령의 이론 부분과 일치한다. 1891년에 카를 카우츠키가 나와 함께 공동으로 작성한 에르푸르트 강령은, 우리 사회주의자들이 예전에 사회 발전에 대해 가지고 있던 견해를 반영한다. 출발점은, 한 블록과 그 위에 규칙적으로 올라가는 원뿔들로 구성된 사회 피라미드이다. 블록은 임금 노동자 계급이며, 중간 부분 혹은 중간 부분들은 소부르주아와 중간 부르주아 계급이다. 꼭대기 부분은 대토지 소유자와 대자본가를 나타

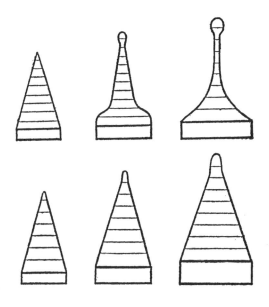

냈다. 에르푸르트 강령에 따르면, 발전은 다음과 같은 귀결을 이끌고 있거나 이끌었다. 즉 피라미드는 전문가들 사이에서 *병목 형상*이라고 불리는 모양으로 점점 더 근접해가며, 꼭대기는 머리 모양으로 부풀어 오른다. 중간층은 목처럼 가늘어지며, 아래 블록은 좀 더 두꺼운 형태가 된다. 그래서 윗줄과 같이 피라미드 형태가 변하게 된다. 브레슬라우의 부르주아 국민경제학자 율리우스 볼프Julius Wolf 교수는, 단지 상층부에 두꺼운 백만장자의 머리가 나타나고 아래에는 노동자의 거대한 블록이 형성된 반면, 중간층은 완전히 사라져버

려서 머리카락 한 올 두께의 목 형상도 더 이상 형성하지 않는 형태를 이 이론의 최종 결과로 즐겨 제시하곤 했다. 그러나 물론 그러한 결과로 귀결되는 것은 불가능하다. 현실에서 중간 부분들은 결코 가늘어지지 않는다. 오늘날 계급 구성의 현실적 경향을 표현한 아랫줄의 피라미드 그림들은 실로 피라미드 형태의 변화를 보여준다. 그러나 그 구성은 본질적으로 *원뿔형으로 남아 있다.* 최상층은 무디어져 더 이상 뾰족하지 않고 둥그스름하며, 대자본가 계급은 더 강해진다. 그러나 그 밖의 중간 계층들은 거의 동일한 단계로 나타난다. 노동자 계급과 전체 부유층 사이의 어떤 부분도 특별히 뚜렷하게 줄어들지 않는다.

사람들은 이 사실에서, 그러한 발전에서는 모든 것이 괜찮다고, 사회주의자들은 이 사태의 발전 경로에 대해 불평할 이유가 없다고 결론을 이끌어내곤 했다. 그러나 그것은 완전히 틀린 것이다. 아랫줄의 세 번째 피라미드를 좀 더 자세히 보기 바란다. 원뿔을 얹고 있는 아래 블록이 거대하게 성장했다. 프롤레타리아트, 즉 임금을 위해 노동하는 계급은 엄청나게 증가했다. 그러나 동시에 또 다른 것이 더욱 증가했다. 그것은 상층과 하층 간의 간격의 크기이다. 나의 그림은 임시적인 것, 단지 우리의 눈앞에 보이는 경향에 관한 형상을 제시하는 것이지, 수학적 정확성을 주장하는 것이 아니다. 또한 우리는 그 발전을, 매달려 있는 아코디언[43] —— 아랫

부분에 추가 고정되어 있는 상태에서 더 큰 힘이 위를 향해 끌고 있는——의 모습을 통해 알기 쉽게 설명해볼 수도 있을 것이다. 가장 높은 층——부유층——은 가장 빨리 높이 올라간다. 점점 더 거대해지는 재산이 몇몇의 손에 쌓여간다. 중간에 있는 층들이 따라간다. 아무도 굴러 떨어지지 않는다. 그러나 아래로 내려갈수록 상승 운동은 더욱 더디고, 가장 아래 있는 노동자의 경우에 가장 더디다. 그러나 여기에서도 일정한 상승은 있다. 가장 낮은 부분도 깊이 몰락하는 것은 아니다. 노동자 계급의 경우 이전보다 명백히 더 나빠지지는 않는다. 그러나 상층부와 하층부 사이의 간격이 엄청나게 커져 사회적 불만이 고조된다. 위의 층을 차지하는 계층, 즉 자본가 전체는, 그들이 인간으로서는 어떤 존재이든 간에, 경제적으로는 창조적인 노동에 대해 점점 더 아무런 관계도 갖지 못한 채 단지 주주로 기업의 소득에 참여할 뿐, 그 밖에는 기업에 대해 아무런 책임도 지지 않는 기생적 자본가로 보인다.

6. 붕괴 이론

그러나 그사이 마르크스주의의 가정은 두 번째 측면에서도 실현되지 않았다. 에르푸르트 강령을 전부 읽은 사람이라면 첫 번째 부분의 네 번째 단락에서 다음과 같은 문장을 접할 것이다. "그러나 소유자와 무산자 사이의 심연深淵은"——그러나 우리가 이 말을 도덕적 의미가 아니라 경제적 의미로 이해해야 한다면 그러한 심연이란 존재하지 않는다——"자본주의 생산 양식의 본질 속에 근거한 위기로 인해, *점점 더 포괄적이고 파괴적이* 되는 위기로 인해 더욱 확대될 것이다." 에르푸르트 강령이 기초되었을 때 거의 모든 사회주의자들이 이를 믿었다. 우리가 상정했던 것은, 경기 순환과 관련해 경제 발전은 나선형의 진로를 취하며, 나선의 간격은 점점 더 좁아지리라는 것이었다. 이것이 이 문장의 의미이며, 이러한 가정 아래 에르푸르트 강령은 이 문장을 명확하게 공식화하고 있다. 에르푸르트 강령의 관점을 그림으로 나타내 구체적으로 설명해보면 다음과 같은 곡선을 갖게 된다. 즉 하강이 점점 길어지고 상승이 점점 짧아지며 좋은 시기의 시작과 새로운 위기의 시작 사이의 간격이 점점 더 짧아지는 곡선이다. 대략 다음과 같은 모양을 보일 것이다.

즉 곧바로 하강하는 경기 순환의 선이다. 그러나 현실의 발전은 어떠했던가? 우리에게는 정보를 제공하는 위기의 역사와 통계가 있다. 건립 이래 독일 제국이 어떤 위기를 겪어왔는지 한번 확인해보자. 1871년에서 1873년까지, 우리는 유명한, 혹은 악명 높은 '거품 시대'[44]라는 거대한 호황을 맞았다. 그동안 모든 것이 황금 속에서 헤엄치는 것처럼 보였

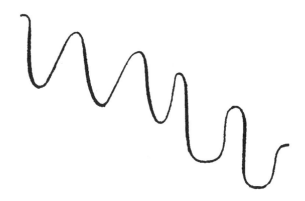

고, 거대한 돈이 의심스러운 기업에 투자되었다. 이어 1873
년의 거대한 경제 공황의 여파 속에서 1874년 위기와 침체
의 시기가 도래했다. 이 시기는 1880~1881년까지 거의 7년
간 지속되었고 너무나 파괴적이었기 때문에——나는 한 은
행의 사무원으로서 또 활동적인 사회주의자로서 이를 몸소
체험했지만——, 당시 사람들은 이후의 어떤 위기에서보다
더 많은 실업과 더 큰 빈곤을 겪었다. 1881년에야 약간의 상
승이 감지되었다. 그러나 그것은 미약한 것인 데다 오래가
지 않았으며, 그 정점은 1883년에 왔다. 이어서 다시 침체기
가 있었는데, 1887년이나 1888년까지 지속되었다. 그것은
1874년에서 1880년까지 지속된 침체기만큼은 아니라 해도,
거의 그만큼 긴 기간이었다. 다시 짧은 호황기가 도래했다.
여기에 강력한 노동 운동이 뒤따랐으나, 3년 미만 동안, 즉

1890년이나 1891년까지 지속되었다. 1891년에 그 장려함은 끝이 났다. 그리고 이 1891년에 에르푸르트 강령이 작성되었다. 이 해는 1893년까지 지속된 새로운 기업 압박이 시작된 해이다. 그러나 이어서 *지속 기간*과 *강도*라는 점에서 일찍이 경험하지 못한 호황이 도래했다. 그 호황기는 1900년에 가서야 끝났다. 그러고는 새로운 침체기가 왔지만, 이는 특별히 심하지도 않았으며 1903년에는 이미 끝나 있었다. 이어 시작된 개선은 다시 매우 강력한 것이었으며, 1907년에 가서야 멈추었다. 오늘날 우리는 1907년 이래 새로이 기업 압박의 시기에 와 있는데, 이것이 얼마나 오래 지속될지 알 수 없으며, 따라서 〔아직은〕 그 크기를 가늠할 수 없다. 그럼에도 불구하고, 이제까지의 사실을 있는 그대로 받아들인다면 에르푸르트 강령이 미리 상정한 것과는 전혀 다른 곡선을 보게 된다. 즉 1891년 이래 하강한다기보다 오히려 상승하는 경기 순환의 진로가 그것이다. 아래에서, 경기 순환의 실제 진로에 근거한 그림을 볼 수 있으며, 이를 에르푸르트 강령이 규정한 그림과 비교해볼 수 있을 것이다.

이는 예전에 사회민주주의가 상정했던 것과는 전혀 다른 그림이며, 전혀 다른 경기 순환 진로이다. 이전에는 동일한 정도로 존재하지 않았던 대항력들이 위기 유발 요인들의 힘을 약화시켰다. 사회의 부가 너무 거대하게 성장했고 매우 넓게 확장되었기 때문에, 오늘날 불황 위험을 제어하는 반작용

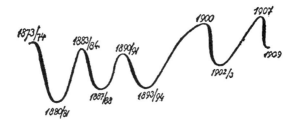

에 이전과는 전혀 다른 가능성이 제시되었다. 시장의 거대한 확장은, 이전에는 동일한 정도로 존재하지 않았던 조정 가능성을 창출했다. 마찬가지로, 산업의 카르텔화는 이전에는 없었던 생산 규제의 가능성을 이끌었으며, 그리고 이것은, 그 밖의 다른 많은 요인들도 그렇지만, 기업 활동의 위기와 침체가 이전보다 더 신속하게 극복되는 쪽으로 영향을 미치고 있는 듯이 보인다. 산업계 전체에 모두 절대적인 이득만 있다는 뜻은 아니다. 카르텔은 어떤 산업들이 위기를 극복하도록 도와준다. 그러나 카르텔은, 이전의 위기 시에는 늘 가격 인하로 유익한 영향을 도모했던 반면, 이제는 가격 수준을 인위적으로 높게 유지함으로써 다른 산업에 미치는 영향력을 심화시킨다. 또한, 오늘날 경기 순환의 진로가 전체적으로 더 나아졌다고 할지라도 한 가지 사실은 여전히 그대로 남아 있다. 즉 *전체적인 불확실성*이 이전보다 적지 않다는 것이며, 이 점에서는 에르푸르트 강령이 옳다. 오늘날에도 여전히 많은 나라의 노동자 계급이 경기 순환의 유동에 노출되어 있으며, 반

복적으로 노동자들을 전체 노동 시장에서 내쫓는, 끊임없이 진행되는 산업 격변에 종속되어 있다. 그리고 이 불안정은 노동자 계급에만 있는 것이 아니라 다른 근로 계층 다수와 또한 실업가에게도 해당하는 것이다. 그 관계를 폭풍이 호수와 대양에서 불러일으키는 파상 운동과 비교할 수 있을 것이다. 폭풍이 호수에 파도를 높이 불러일으키면, 그것은 상황에 따라서 가공할 상황을 연출한다. 파도와 파도가 일으키는 파괴는, 호수의 적당한 넓이에 비추어 강력해 보인다. 또 다른 폭풍은 대양에 파도를 더 많이, 더 높이 던져 훨씬 큰 불행을 입힐 수 있다. 그러나 대양 전체로 보면 그것은 하찮게 보일 것이다. 대양 위에서 개별적 존재는 어떻게 되는가? 위기가 없는 때에도, 오늘날 노동자는 세계 경제라는 대양 위에 이리저리 던져진다. 개별적 존재는 경제 생활에서 곤궁해지고 불안정해지고 위험에 처하게 된다. 매일매일 파도는 수많은 희생자를 집어삼키지만, 반면 세계 경제라는 바다는 외견상 무엇에도 방해받지 않은 채 흘러가는 듯하다.

위기 발전에 관한 과거의 도식이 유지될 수 없게 되었다는 사실이 기만적인 낙관주의로 이어져서는 안 된다는 것을 잊지 말아야 할 것이다. 그러나 그 도식은 제거해야만 한다. 그리고 그 위에 서 있는 미래 구상을, 즉 무엇보다도 현대 사회를 직접적인 파괴와 완전한 붕괴 앞에 놓는, 거대한 경제적 재난에 관한 구상을 도식과 함께 제거해야만 한다. 이 구상은 진실성을 증대시키지 못했을 뿐만 아니라 점점 잃고 있다. 이전에 이 위기 도식과 결부되었던 모든 상념은 무력해졌고, 단지 해가 될 뿐이다.

7. 수정주의와 사회주의 실천

그런데 우리가 붕괴 관념을 버려야 한다면, 이때 우리가 *사회주의적 현재 활동sozialistische Gegenwartsarbeit*이라 부르는 것이 명백히 높은 *가치*를 지니게 된다. 그러한 현재 활동은, 노동자의 전투력을 대위기 때까지 보존하는 데 유용하다는 차원에서 단순한 가치를 지니는 임시 방편적 수단이 아니라, 중요한 *근본적인 준비 작업*이 된다. 이것은 수정주의가 예전의 다른 사회민주주의 구상과 스스로를 구별짓는 결정적인 점이다. 즉 사회주의적 현재 활동에 속하는 것에 높은 가치를 부여한다는 점에, 수정주의의 결정적인 차이가 있는 것이다. 〔구체적으로 말한다면〕 선동――의미가 있는 것이기는 하지만――이 아니라 오히려 긍정적 입법 결과 및 법과 경제에서 가능한 한 심대한 변화를 가져오고자 하는 입법 투쟁에 주목하는 의회 활동에 높은 가치를 부여하는 것, 그리고 아무리 강조해도 지나치지 않은 지방 자치 단체에서의 사회주의적 활동에 높은 가치를 부여하는 것, 또한 노동조합이 경제 활동에서 이용할 수 있는 모든 기능을 고려하고, 조직의 체계적 확장에 높은 관심을 갖고, 또한 마찬가지로 노동자소비조합의 확대와 확장에 관심을 갖는 것과 같은, 노동조합이 갖는 사회적 의미에 높은 가치를 부여하는 것이 그것이다. 이러한 종류의 모든 활동은, 우리가 저 위기 도식 관념과 경제적 대붕괴에 기초한 관념을 버리고 실제로 발전해온 대로의 사회를 생생하게 그려본다면, 이전과는 전혀 다른, 그리고 이전보다 훨씬 큰 의미를 지니게 된다.

그러나 이러한 규정에 반대해 다른 편에서 이의가 제기되었다. 거기서 현재 활동의 필연성이라고 제시된 것은 실제로 이미 모두 행해지고 있으며, 사회민주주의가 이미 오늘날 이를 행하고 있다는 것이다! 어느 정도까지는 옳은 말이지만, 단지 어느 정도까지만이다. 어떤 전제하에서 활동이 수행되는가에는 차이가 있다. 사회주의의 전제에 관해 쓴 나의 책이 출간되어 격렬한 공격에 직면했을 때, 당시 런던의 한 모임에서 폴란드의 사회주의자 굼플로비치Lad. Gumplowicz 박사가 발언한 적이 있는데 그것은 나에게 줄 수 있었던 가장 고무적인 말이었다. 그는 이렇게 말했다. "베른슈타인이 권고한 것은 이미 우리가 예전에 해왔던 것이다. 그러나 우리는 이를 어중간한 마음과 불완전한 의식으로 해왔다. 베른슈타인은, 우리가 온전한 마음과 충분한 사회주의 의식을 갖고 이를 행하도록 하는 상태로 우리를 옮겨주었다." 이 말이 사

실과 부합하는지는 물론 내가 판단할 수 없다. 그러나 의도
에는 부합되는 말이다. 그리고 그가 당시까지 나와 소원했던
한 전우戰友였다는 점에서 보면 그 말은, 정치 저술가에게 줄
수 있는 최고의 보상이었다.

우리가 사회주의 운동을 역사적으로 추적하면, 실제로 그
것은 운동의 투쟁과 고유한 성장의 현실적 조건을 통해, 이
전의, 여전히 반쯤은 유토피아적인 토대 위에서 성장한 판단
을 하나씩하나씩 폐기시키게 된다. 원래 사회주의자들은 의
회는 노동자와 전혀 상관이 없으며 의회에서 싸우는 것은 모
두 아주 사소한 일이라고 생각했다. 그것이 거대한 사회주의
목적과 무슨 상관이 있을 것인가? 사람들은 의회로 갔지만,
의회 위원회에 참여하는 것이 비록 해로운 일은 아닐지라도
부질없는 일이라고 선언했다. 그러나 사회주의 정당들이 의
회에서 중요성을 갖게 된 오늘날 사람들은, 노동자 계급이
모든 입법부, 행정부 기관에서 전력으로 활동해야 한다는 생
각, 그리고 그 기관들을 그들의 정신으로 가득 채우고자 노
력해야 한다는 생각에 익숙해졌다. 그리하여 상황은 이런 지
점에 이르렀으며, 이러저러한 지점으로 더욱 진전될 것이다.
수정주의는 당대회에서는 전통의 힘에 의해 패퇴했지만, 실
천 속에서 승리를 구가하며 침투해 들어간다.

그런데 이 몇몇 당 동료 사회주의자들은 이렇게 말한다.
내 말이 거기까지는 모두 좋으나, 이 작은 활동에 묻혀 거대

한 관점, 즉 거대한 포괄적 이념이 시야에서 사라진다고, 그리고 노동자에게서 사회주의의 *최종 목적*을 제거하게 되면 사태는 이 지점에서 더욱 나빠진다고 말한다.

자주 들리는 이러한 비난에 대한 나의 답변은 이것이다. 즉 현대 노동자는, 그들을 격려하고 고무시키기 위해 달을 보여 줘야 하는 어린애가 아니라는 것이다. 점점 성숙해지고 있고 대부분의 층이 이미 성숙해 있는 현대의 노동자 계급은 아무런 유토피아도 필요로 하지 않으며, 저 희미한 '최종 목적' 없이도 사회주의 투쟁에 열중할 수 있다. 노동자들을 고무시키고 거대한 목적에 관한 의식을 불러일으키기 위해서 우리가 노동자들에게 제시해야 하는 것은 전혀 다른 것이다. 그것은 먼저 현대 사회에서 그들이 차지하는 중요성이 커지고 있다는 것과 노동자 계급의 역사적 *사명*이다. 그 역사적 사명은 다음과 같은 점에서 나타난다. 오늘날 그들은 인식, 기술, 경제 등에서 모든 현실의 진보에 어떤 편견도 없이 맞설 수 있는 유일한 계급이며, 이미 낡은 것과 낡아지고 있는 것에 대해 이해관계가 전혀 없는 유일한 계급이다. 사회의 다른 계급들은 부분적으로는 반동적이며 시대에 뒤떨어진 것을 지속하려 하는 반면, 계급으로서 진보하는 과정에서 상실할 이런저런 것 때문에 진보에 대해서는 우유부단할 뿐이다. 오로지 노동자들만이, 그들이 계급으로 등장한 이래 모든 관점에서 사회의 진보에 연관되어 있다. 그들은 자신의 가장 확실한 전위前衛이다. 라살은 이 점을, 그의 노동자 강령에서 대단히 훌륭하게 표현했다. "노동자들은 현재라는 교회가 딛고 서야 하는 반석이다." 우리가 이 점을 노동자들에게 말한다면, 그리고 지속적인 상승——아마 천천히 실현되겠지만, 그럼에도 불구하고 그들이 함께 행동하는 한 그들의 사회적 중요성이 커짐으로써 확실히 느끼게 될——의 진실성을 보여준다면, 그들에게 거대한 목적을 보여주는 것이다. 그 거대한 목적은, 냉정한 판단자가 믿을 수 있는 여느 목적의 경우보다 더 강력한 영향력을 미친다. 다시 한번 사회 피라미드의 실제 발전상을 검토해보자. 위의 윗뿔은 노동자 계급의 블록을 내리누르고 있으며, 이들의 온전한 발전을 방해하고 있다. 윗뿔 속에 점차 많이 포함되는 기생충은 블록을 억압하는 중심점이다. 그러나 블록은 좀 더 커진다. 노동자 계급은 다른 계급들보다 더 많이 성장한다. 블록의 크기는 점점 더 윗뿔에 근접하게 되며, 그들의 저항 능력도 점점 더 강해진다. 이 점을 노동자들에게 알리는 것이 중요하다. 그러나 이 점을 알린다고 해서 노동자들에게서 우리 사회주의자들과 함께 일하게 하는 열정을 빼앗는 것은 아니며, 또한 중대한 관점을 빼앗는 것도 아니다. 우리가 그들에게 보여주어야 하는 것은 단지, 실제로 사회에서 어떻게 투쟁되어야 하는가, 점진적인 전진 과정 속에서 정신의 최고의 힘을 불타오르게 하는 자기 확신이 어떻게 일깨워져야 하는가 하는 것이다.

사회 붕괴에 관한 마르크스의 설명을 통해 모두 마르크스와 엥겔스의 제자였던 우리 사회주의자들을 비춰주고 있었던 옛 관점은, 많은 에움길을 따라 바위와 덤불숲을 넘어 전진하는, 그러나 전진하는 길에서 다시금 밑으로 하강하는, 궁극적으로 거대한 균열에 이르는 군중의 상像이다. 이 균열 저편에서는 폭풍 치는 바다를 사이에 두고──여러 번의 폭풍 후에 그것은 붉은 바다가 된다──열망하던 목적, 즉 미래 국가가 손짓하고 있다. 이제 이 관점은 달라졌다. 다른 전망이 펼쳐진다. 오늘날 우리 앞에 놓인 관점은, 온갖 박해에도 불구하고 이어지고 계속되는 노동자들의 매일매일의 투쟁과 수적으로 또 전체적인 사회적 힘에서 그리고 어떤 정당도 외면할 수 없는 정치적 영향력에서 노동자들이 성장하고 있음을 보여준다. 이 관점은 노동자 계급의 앞을 향한 진로뿐만 아니라 위를 향한 진로도 우리에게 보여준다. 노동자들의 수의 증가뿐만 아니라, 그들의 경제적·윤리적·정치적 수준의 상승과 국가와 경제에서 '함께 지배적 영향력을 행사하는 요소'로서의 증대하는 능력과 활동까지도 보여주는 것이다. 그리고 이러한 관점에서, 사람들이 그 신봉자를 수정주의자라고 부르는 조류가 오늘날 사회민주주의 내에서 가장 결정적으로 영향력을 행사하고 있다.

강연은 일반 청중을 대상으로 한 것이었고, 나는 청중을 힘들게 하는 장황한 내용은 피하고 싶었기 때문에 그 강연에서는 단지 사회주의적 수정주의의 근본 문제만을 다루었고, 그 문제에서 사회주의 실천을 위해 세기되는 결론 중 몇 가지만을 조명했다. 반면 다른 결론들은 해명되지 않은 채 남아 있다. 그렇게 해명되지 않은 문제들 중에는, 예를 들면, 사회민주당과 여러 부르주아 정당의 관계 및 정치적 관계 설정 문제, 또한 이와 결부된 문제, 곧 사회민주당이 본질적으로 노동자의 계급 정당으로 남아 있을 것인가 아니면 사회주의적 국민 정당이 되는 것을 추구해야 할 것인가의 문제가 있다. 부분적으로 이 문제들은, 수정주의자들이 지닌 발전 사상을 명확하게 강조함으로써 미리 판단할 수 있다. 본질적으로 단지 이론적인 문제에 관해서만 의미를 갖는 수정주의는 정치적 실천의 측면에서는 곧 *개량주의Reformismus*를 의미한다. 개량주의는 '체계적인 개혁 활동의 정치'로, 혁명적 파국을 원하는 혹은 필연적인 운동 단계로 상정하는 정치에 반대된다. 후자의 정치는 비사회주의적 정당들을 기껏해야 기회주의적 활용 가치라는 관점에서 구별할 뿐이며, 파국이 가까이 왔다고 생각함에 따라 이러한 정당들과의 투쟁에서 더욱 냉혹하게, 더욱 거리를 두고 행동한다. 개량주의는 이미 붕괴 이론을 거부함으로써 비사회주의적 정당들과의 협력 이유와 협력의 필연성을 계속적으로 상정하기에 이르렀으며, 이들과의 투쟁이 제기되는 상황에서도, 그러한 전제에 따라 자신의 말을 조정한다. 그러한 한에서 개량주의는 동시에 온건론이라 할 수 있다. 그러나 그러한 온건론이 강력한 투쟁 수단의 포기이자 허약한 양보 정치이며, 〔사회〕 적대의 은폐를 의미한다고 보는 것은 충분히 배격해야 할 선입견이다. "수정주의자 또는 개량주의자로서 당신은 정치적 파업, 즉 거리 점령이나 그와 비슷한 종류의 투쟁을 얼마나 지지하는가?" 이러한 질문에 나는 무수히 답변했다. "나는 시종일관된 개혁 정치를 지지하기 *때문에* 그것을 지지한다. 왜냐하면 개혁 정치사상이 좀 더 명확하게 전면에 나타나면 나타날수록 이러한 수단도 더욱 효과적이게 될 것이기 때문이다." 개혁 사상의 '지속적이고 단호한' 강조는, 노동자 계급 정당으로서의 사회민주당의 성격이 희석되지 않도록 할 것이다.

나는 전적으로 사회민주주의가 이러한 성격을 견지해야 한다는 의견이다. 사회민주당이 사회의 모든 존재 조건 및 발전 조건과 함께 사회적이고 문화적인 진보의 기초로서의 경제적 진보와 연관되어 있는 사회 계급의 정당이라는 인식, 이는 행동의 통일을 이루는 가장 확고한 요소인 저 *의지의* 통일성을 사회민주당에게 보증해주는 유일한 것이다. 그것은, 사회민주주의가 자신의 입장을 설정해야 하는 복잡한 정책 문제, 예를 들어 농업 정책, 외교 정책, 상업 정책, 식민 정책 등과 같은 문제에 없어서는 안 될 *나침반*이다. 여기서 노동자 계급 정치라는 말은, 다른 모든 계급들의 이해관계에 절대적으로 대립되는 것을 뜻하는 것이 아니라, 모든 다른 계급의 특정한 특수 이해관계로부터의 자유를 뜻한다. 예를 들어, 사회민주당은 농민에게도 이익이 되는 농업 정책을 추진할 수 있지만, 농민의 계급 정치를 의미하는 농업 정책은 결코 추진할 수 없다. 따라서 사회민주당은, 노동자 스스로 국민의 중심적 요소가 되어 다른 계층들이 본질적으로 노동자의 이해에 동의하며 그 주위에 결집하게 된다는 단지 그러한 의미와 범위에서만 '국민 정당'이 될 수 있다. 그러나 사회민주당이 이러한 상황을 향한 가장 유리한 위치에 있다는 것을 직업 조사와 기업 조사가 보여주고 있다.

그 조사는, 임금 노동자와 피고용자 계급이 인구 중 가장 빨리 성장하는 계급임을 보여준다. 산업과 상업 모두에서 소기업이 인구의 평균 증가보다 훨씬 더 빨리 증가했다고 해도——프로이센에서 2~5인을 고용하는 기업이 1895년에서

1907년 사이에 59만 3,884개에서 76만 7,200개로 29.2퍼센트 증가한 반면, 인구 증가율은 19퍼센트였다——우리는 다음과 같은 사실을 잊어서는 안 될 것이다. 이 기업의 상당수가 대기업의 일부분이며, 오늘날 소기업 경영자의 중요한 비율은, 이들 계층이 유지되고 있긴 하지만 이들 내부의 개별 존재들이 대부분 매우 불안정한 기반 위에 서 있으며, 새로 들어오고 나가는 유동성이 이 계층을 강력히 지배하고 있다는 점으로 인해 그만큼 더욱 노동자와 동일화되고 있다는 것이다. 이러한 점은 농민에 대해서는 더 적게 말할 수밖에 없다고 해도, 주석 40의 맨 앞에서 제시된 통계에서 다음과 같은 점을 유추할 수 있을 것이다. 가장 유리하게 발전하고 있는 농민 기업의 층조차 수적으로 인구 증가에 점점 더 뒤처지고 있다는 것이다. 인구가 19퍼센트 증가한 데 반해 농민 중규모 기업은 단 10.29퍼센트 증가했을 뿐이며, 더욱이 소기업은 감소했다. 농민들은 농업 대기업 때문에 쇠퇴한다기보다는 사회 계급으로서의 지위에서 쇠퇴하고 있는 것이다.

이것은, 독일 사회민주당의 에르푸르트 강령의 본보기를 따라 사회 발전을 상세히 규정하고자 했던 사회민주주의 강령의 수정 준거가 되어야 하는 관점이다. 당 강령에서는 그러한 어떠한 상론도 넣지 않는 것이 타당하다고 생각한다. 마르크스가 거장답게 프랑스 노동당 최소 강령을 위해 규정했던 것과 같은 약간의 일반적인 서론 후에, 강령에서는 단지 근본 원칙과 요구만을 규정하고, 반면 짧게 작성되어야 하는 강령보다는 더 상세한 규정이 가능한 선언들에서 이론적 기초를 제시하는 것이 더 낫다고 나는 생각한다. 그러나 에르푸르트 강령의 구도를 고수하려 한다면, 이론적 문장들은 수사적 효과에 과학적 엄밀성이 희생되지 않는 식으로 제시되어야 한다. 이러한 일이 진정 가능하다는 것을, 서문에서 언급된 샤를로텐부르크 강연을 위해 내가 작성한 아래의 원칙들이 생생하게 드러내줄 것이다. 지금부터 이 원칙들을 나열하고자 한다. 다만 여전히 강조하는 점은, 이 원칙들에서 내게 중요한 것은 단지 *사상적 내용*의 개요를 제시하는 것이었지, 형식도 함께 고려하는 [정식적인] 기획을 제출하는 것은 아니었다는 점이다.

(1) 현재의 문명 국가들에서는 자본주의 경제 체제가 물품의 생산과 교환을 지배한다. 거대 수단을 구비한 기업은, 특히 상업과 기업에서 *소기업을 완전히 뒷전*으로 밀어낸다. 독립적인 소기업가층, 소농민, 소장인, 소상인, 그리고 그 밖의 소기업 운영자들은 점점 인구의 더 작은 부분을 형성한다. 이에 반해, 자본주의 기업에 고용된 *임금 노동자와 급료를 받고 일하는 피고용자*들은 증가한다. 증가된 인구의 4분의 3 이상이 지속적인 경제적 종속을 선고받는다.

(2) 피고용자 다수와 특히 임금 노동자에 대해 종속 *관계* 를 갖는 자본주의는, 동시에 이들 *존재의 불안정성*의 증가를 뜻한다. 인간의 노동력을 절약하는 기술 혁신은 훈련된 노동자를 지속적으로 그의 영역에서 축출한다. 나아가 자본주의 경제의 투기적 성격으로 야기된 호경기와 불경기의 상호 작용은, 다시 노동자와 고용자 다수에게 *노동력의 과도한 소모와 실업의 새로운 교대*를 의미한다. 그러나 노동자 계급이 증가할수록 실업은 전체 경제 생활을 마비시키는 영향력을 행사하며, 수천의 기업가들을 파산의 대열에 던져넣는다.

(3) 현대 자본 결합체들, 곧 *신디케이트와 카르텔*은 생산을 일정한 규제 아래 두려고 한다. 그러나 이들이 이렇게 하는 것은 전체 국민 경제의 이해와 복지를 위해서가 아니라, 높은 *수준의 가격을 유지*하고 특정 산업에서 가능한 한 높은 *이윤*을 안정적으로 확보하고자 하는 이해관계 때문이다. 그 결과 그들은 주기적으로 발생하는 기업의 경기 정체라는 폐해를 제거할 수 없으며, *다만 외적 형태만을 변화*시킬 뿐이다. 반면, 가격을 인위적으로 높게 책정하는 것은 오히려 전체 근로 대중에게 미치는 기업 정체의 영향을 *더욱 악화*시킨다.

(4) 자본주의 생산은 *사회적 부의 엄청난 증대*를 가져왔다. 그러나 증가하는 이 사회적 부의 매우 적은 부분만이 노동 계

층에 흘러들어간다. *토지 소유자와 자본 소유자 계급*은 *이윤* 과 *지대*의 다양한 형태로 잉여 노동의 좀 더 거대한 부분을 자신에게 끌어들인다. 소유권을 근거로 불로 소득을 향유하는 이들의 수는 더욱 증가하는데, 이들의 자본으로 인한 부는 이들의 수보다 더 높은 정도로 증가한다. 과거에는 결코 볼 수 없었던 거대한 재산이 몇몇 사람의 손에 축적되며, 임금 또는 이와 유사한 급료를 위해 '수고하는 이들'의 *다수와*, 사치가 막대하게 증가하고 공적 생활을 부패시키는 *자본가 귀족Kapitalistenaristokratie 간의* 소득 격차는 엄청나게 벌어진다.

(5) 기업이 증가하면서 *생산과 교환*이 점점 녀 *사회적* 성격을 띠는 동안, 집단적 소유 형태——주식회사 등——의 발전을 통해 기업과 기업 *소유자의 관계*는 점차 *피상적*인 것이 된다. 사회 총자본의 더욱 거대한 부분은 *주주의 재산*이 된다. 주주는 기업에 대해 *기능적 연관을 전혀 갖지 않고*, 단지 이윤 추출에만 관심을 가지며, 그 밖에는 관여하지도 책임을 지지도 않는다. 거대한 독점 기업의 뒤에는 사회적 힘을 강화해나가는 거대한 전체 주주들이 있다. 반면 불로 소득을 소모하는 존재로서 이들 주주들은 국민 경제에서 기생적 존재가 된다.

(6) 이러한 *기생의 증식*에 맞서기에는, 임금과 가격이라는 두 측면에서 행사되는 자본 독점의 압박에 맞서기에는 개별

노동자와 피고용자들은 무력할 것이다. 그들은 오직 *정치적, 노동조합적, 협동조합적인 동맹*을 통해서만 자본 독점의 억압적 경향에 대한 저항을 이끌 수 있을 것이다. 모든 이의 결사의 자유 및 민주적 선거권은 자본주의 사회에서 노동자의 해방을 가져올 필수적인 선결 조건이다.

(7) 자본 권력에 맞선 모든 사회 계급 중에서 *노동자 계급만이 사회적 진보라는 의미에서 변혁적인 힘*이다. 다른 반反자본주의적 계급이나 계층들은 전적으로 반동적이어서 역사의 수레바퀴를 정지시키기를 원하거나, 가능하면 거꾸로 돌리기를 원하거나, 혹은 그들 자신이 중간적 존재이기 때문에 모순과 우유부단으로 처신한다. 오직 *노동자만이, 계급으로서 자본주의에 반대해 전적으로 진보적인 이해관계를 대변*할 수 있다. 계급으로서 노동자는 기술을 완성하고 생산에 자연력을 동원함으로써 늘어나는 사회적 부에 가장 큰 이해관계를 갖는다. 계급으로서 노동자는 기생적 기업 형태의 제거와 기생적 사회 요소의 철폐에 가장 큰 이해관계를 갖는다.

(8) 그들의 계급 이해관계는 *경제적 독점을 사회의 소유로 이전할 것*과 그 독점 기업을 사회의 이익이 되게 할 것을 요구한다. 그들의 계급 이해관계에는 사회적 통제gesellschaft-liche Kontrolle를 모든 생산 부문으로 확장하는 것, 낙후된 기업을

사회적으로 규제하는 생산에 편입하는 것이 포함된다. 그러
나 계급으로서의 노동자의 조직은 그들을 특정 정당으로 조
직화하는 것을 의미하며, 그 노동자 정당이 *사회민주당*이다.

(9) 사회민주당은 모든 이의 정치적 평등을 실현하는 수
단으로서, 그리고 토지와 자본주의적 기업의 사회화Vergesell-
schaftung를 위한 지렛대로서 *민주주의를 국가, 주州, 지방 자
치 단체*에 관철하기 위해 투쟁한다. 사회민주당은 *단지 그
안에 노동자만*을 받아들인다는 의미에서 노동자당인 것이
아니다. 사회민주당의 원칙을 수용하고 대변하는 이들, 즉
착취적 소유에 저항하는 창조적 노동의 투쟁이라는 관점에
서 경제 생활 문제에 대해 입장을 취하는 이들은 사회민주당
의 대열에 속한다. 그러나 사회민주당은 무엇보다도 노동자
에게 의지한다. *노동자의 해방은 우선 노동자 자신의 과업이
되어야만* 하기 때문이다. 노동자를 이러한 생각으로 가득 채
우는 것, 투쟁을 위해 그들을 경제적, 정치적으로 조직하는
것이 사회민주당의 주요 과업이다.

(10) 사회민주주의 투쟁은 몇몇 나라에 국한된 것이 아니
라, *현대적 발전을 이룬 모든 나라*를 포괄하는 것이다. 현대
교통수단의 발전이 모든 나라의 노동자들의 연대를 증가시
키고 있다는 인식, 즉 오늘날에도 여전히 언급되는 국가 간

의 적대는 지배 관계와 착취 관계에 뿌리를 두고 있으며, 이것을 제거하기 위해 노동 계급이 투쟁한다는 인식을 확고히 하면서, 사회민주주의는 경제 투쟁과 정치 행동에서 *국제성의 원칙*——문화 인류의 연대라는 틀 속에서, 민족 자결권을 토대 로 이룩되는 *민족들 간의 자유로운 결속*을 목적으로 하는——을 지지한다.

제3장

사회주의란 무엇인가

서문

이 강연은 1918년 12월 28일 베를린의 필하모니 대강당에서 수많은 남녀 청중 앞에서 했던 것이다. 주최 측은, 독일 공화국이 맞은 최초의 격동기에 공화국의 과제와 가능성에 대한 계몽의 확대를 과제로 삼고 있던 '시민-경제 교육 연구회'였다. 연구회의 지침에 따라 강연은 속기로 기록되었고, 팸플릿으로 상당히 많은 양이 발간되었다. 애석하게도 수정되지 않은 속기록에 따라 인쇄된 이 팸플릿은 이미 오래전에 절판되었다. 그러나 이 팸플릿에 대한 수요가 계속 있어왔기 때문에, 그것을 자세히 검토한 뒤, 각 장에 좀 더 나은 개요를 배치해 새로 출판업자에게 넘긴다. 교정은 형식에 국한되었다. 팸플릿은 혁명[45] 초기의 희망에 가득 찼던 때에 나온 것으로, 그것을 가득 채웠던 어조 때문에 역사적 문서의 일종으로도 간주될 수 있다는 인식에서 그 내용은 변화시키지 않은 채로 두었다.

1922년 2월 베를린 쇠네베르크에서

에두아르트 베른슈타인

1. 사회주의 개념의 등장과 변화

오늘날 전 세계가 사회주의에 대해 말하고 쓴다. 또한 누구나 사회주의가 무엇인가에 관해 특정한 관념을 가지고 있다. 그러나 몇몇 사람에게 사회주의라는 말에서 무엇을 상상하느냐고 묻는다면 계속 엇갈리는 답변을 듣게 될 것이다. 단순한 일반 사람들뿐만 아니라 교육받은 박식한 인사들, 실로 전문가들에게서도 그러한 답변을 듣게 된다. 일전에 나는 사회주의자들 앞에서 사회주의에 관해 말할 기회가 있었는데, 그때 일부 청중에게 미리 각각 종이를 나누어주고 사회주의라는 말에서 연상되는 것이 무엇인지에 대해 간단한 설명을 쓰게 해보았다. 그런데 다섯 사람에게서 다섯 가지 서로 다른 답변을 받았다. 물론 그 차이가 절대적이지는 않았다. 그 설명이 차이를 보인 것은 단지, 답변자들이 사회주의를 다양한 관점과 서로 다른 입장에서 관찰해, 어떤 사람은 이런 측면을, 또 어떤 사람은 저런 측면을 결정적인 것으로,

혹은 가장 중요한 것이거나 가장 포괄적인 것으로 생각했기 때문이었다.

그러한 답변에는 사회주의가 무엇인가에 관한 부분적인 관념만이 담겨 있다. 그 부분적 측면들은 다소간 옳다고 할 수 있지만, 이로써 사회주의라는 주제에 대한 논의가 다 끝난 것은 아니다. 혹자는 어떤 상상된 상태를, 또 다른 이는 운동과 발전을, 또 다른 이는 정치나 정치 체제를, 또 다른 이는 이론 혹은 인식을 사회주의로 이해하고 있다. 또한 많은 이들은 사회주의 개념을 공산주의 개념과 연관시키며, 사회주의를, 이른바 완성된 것, 완전한 공동체 상태여야 할 공산주의의 미약한 상태 또는 전 단계로 설명한다.

우리는 이들 다양한 설명에서 어떤 것을 지지해야 하는가? 차이를 분명하게 파악하고자 한다면, 두 권의 널리 알려진 사전류의 저술에 실린 사회주의에 관한 설명이 우리에게 그 개념에 관한 상像을 제시해준다. 마이어 편 백과사전에서는 사회주의가 넓은 의미에서 다음과 같이 설명되어 있는 것을 볼 수 있다. 즉 사회주의는 "사회 내의 지배적인 계급 구분의 철폐를 목적으로 하는 모든 노력의 총괄적 표현"이다. 또한 좀 더 좁은 현대적 의미에서 사회주의는 "사적 소유를 공동 소유로 대체함으로써 경제 생활을 전체의 계획적 규제 아래 두고자 하는 국민 경제 체제"——앞에서는 노력이라는 말을 썼지만 여기서는 체제라는 말을 쓰고 있다——를 의미한다.

이에 반해 사회과학 대편람은 사회주의를 "넓은 범위에서 전체의 힘에 의해 집단적 소유의 기초 위에서 영위되는 사회 상태"라고 설명하고 있다. 여기서는 상태라고 되어 있고, 위에서는 체제라고 되어 있었다. 아울러 노력이라는 기술도 있었다. 이들이 사회주의를 보는 세 가지 방식이라 할 수 있다.

다시 한번 말하는데, 여기서 무엇을 지지해야 하는가?

간단히 사회주의의 역사를 살펴보면, 우리는 사회주의라는 용어 자체, 사회주의의 개념이 결코 그다지 오래된 것이 아님을 알게 된다. 인류의 역사 속에서 80년이나 90년은 실로 매우 짧은 기간이기 때문이다. 즉 1830년대 중반에 사회주의라는 말이 처음 나타난다. 어떤 이들은 영국의 고결한 사회 개혁가 로버트 오언 학파에서, 다른 이들은 프랑스의 위대한 사회 철학자 생시몽의 서클에서 사회주의를 말한다. 로버트 오언과 그의 학파, 그리고 생시몽과 그의 학파는 사회 개혁가로서의 그들의 제안에 있어 다소간 급진적이었다. 그러나 그들은 전혀 공산주의자가 아니었으며, 오히려 공산주의의 적대자, 무엇보다도 계급 투쟁의 적대자였다. 그들은 도덕가이며 조화론자여서, 그들의 이론뿐만 아니라 실천적 제안들과 요구들을 윤리적 기초 위에 세웠다.

그러나 어원적으로 사회를 뜻하는 '소시에타스*societas*'에서 유래한 이 사회주의라는 말은 문헌 속으로 들어오자마자 즉시 유행하게 되었으며, 모든 단체에서 매우 큰 강조의 변화를 겪으며 사용되었다. 최초의 중요한 사회주의 역사가 루이 레보Louis Reybaud는, 1830년대 말에 나온 그의 책을 "*개량주의자 또는 현대 사회주의자*에 관한 연구*Étude sur les réformateurs ou socialistes modernes*"라 불렀으며, 그 후 매우 번성하게 되는 일련의 사회주의적 체계를 그 속에 포함시켰다. 1830년대와 1840년대 특히 프랑스에서는 새로운 형태의 사회주의를 관념적으로 구성하려는 매우 흥미 있는 시도들이 대단히 많았다. 그러나 이 강연이 다른 주제로 낭비되는 것을 막기 위해서, 그러한 시도들과 영국 등 다른 저술가들의 유사한 활동에 대해서는 상세하게 언급하지 않는 게 좋겠다.

카를 마르크스와 프리드리히 엥겔스가 1847/1848년 겨울에 작성한 〈공산당 선언〉에서 우리는 이미 일군의 전체 사회주의 변종들이 비판받고 있음을 본다. 거기서는 봉건적 사회주의, 보수적 사회주의, 부르주아 사회주의, 소부르주아적 사회주의, 그리고 유토피아적 사회주의가 비판받고 있다. 다양한 사회주의들이 비판적으로 조명되고 있는 것이다. 사회주의는 이미 아주 다양한 종류의, 매우 상이한 개념을 포괄하고 있었음을 우리는 알 수 있다.

혁명의 해인 1848년에 사회주의 개념은 정치 영역으로 유입되었고, 정당의 이름을 장식하게 된다. 프랑스에서는 사회주의로 경도된 급진 공화국 지지자들이 스스로를 *사회민주주의자*démocrates socialistes라고 부른다. 그리고 그 후 독일에서는, 오늘날 대부분의 사람들에게 여전히 그 이름 때문에 유명한 민주주의적 시인 고트프리트 킨켈Gottfried Kinkel이 '사회민주주의자Sozialdemokrat'라는 표현을 만든다. 여기서 이 단어가 (독일에서) 최초로 수면 위로 떠오른다.

1850년 영국에서는 스스로를 기독교 사회주의자라고 부른 개량주의자 학파가, 즉 프레더릭 데니슨 모리스Frederic Denison Maurice와 시인 킹즐리Kingsley 학파가 등장한다. 이 두 사람은 매우 많은 것을 희생했고, 특정 계급에 대해서는 전혀 무관심했으며, 사회주의를 위해 영향력을 행사했다. 그리고 사회주의의 실현을 위해 기독교에 의지할 수 있다고 믿었다.

이어 1863년에 독일에서는 페르디난트 라살이 등장한다. 새로운 노동 운동이 발전하게 되어, 무엇보다도 민주주의적 선거권과 국가에게서 재정 지원을 받는 생산협동조합을 위해 투쟁한다. 라살은 사회주의에 관한 한 연설에서, 그와 그의 지지자들이 원하는 것을 사람들이 사회주의라 부른다면 이제 그들 자신이 바로 사회주의자임을 공표하게 된다. 그 역시 사회주의자였다. 라살이 사망한 이후 이 새로운 운동은 《사회민주주의자Der Sozialdemokrat》라는 간행물에 근거를 두게 되며, 그 후 그 운동은 사회민주주의 운동이라고 불리게 된다.

9년 후인 1872년 아이제나흐에서는 '강단 사회주의자 Kathedersozialist'라는 명칭을 얻게 된 국민경제학 대변자들의 모임이 있었다. 대학의 강단Katheder에 서는 이 사회주의자들은 대부분 정치 투쟁과는 멀리 떨어져 있었다. 1870년대 중반에 '사회-보수주의'라는 표현이 등장하고, 이어 가톨릭 사회 개혁가들과 보수적 당 노선의 프로테스탄트 선전 활동가들은 스스로를 '기독교-사회적'이라고 부르게 된다. 프로테스탄트 사회주의자들 중 급진적 조류는 1890년경에 '국가사회적Nationalsozial'이라는 이름을 수용한다. 그리하여 사회주의라는 말은 다양한 대변 집단들 속에서 이미 하나의 역사를 갖게 된다.

내가 언급한 다양한 정당이나 학파가 어떻게 사회주의와 사회 사상을 발전시켜왔는지를 더 논의하는 깃은, 주제에서 너무 벗어나는 일일 것이다. 우리는 특정한 세부 사항은 생략하고, 다만 오늘날 독일에서 사회주의가 어떻게, 구성원이 스스로를 사회주의자 혹은 사회민주주의자라고 부르는 그런 대정당에 의해 대변되었는지에 관해 논의를 집중하는 것이 나을 것이다.

독일 사회민주주의는 두 명의 위대한 투사이자 사상가인 카를 마르크스와 프리드리히 엥겔스를 사회민주주의 운동과 이론의 인정받은 교사요 해설자로 존경한다. 이들 중 프리드리히 엥겔스는 1876~1877년에, 베를린 대학에서 자신의 독특한 사회주의를 설파했고 마르크스를 신랄하게 공격한 바 있는 오이겐 뒤링을 비판하는 책을 썼다. 이 저작의 일부 장들은 나중에 독자적인 계몽서—— 오늘날에도 여전히, 아무리 추천해도 부족할 저작으로, "공상에서 과학으로의 사회주의의 발전"이라는 제목을 지닌—— 로 발간되기도 했으며, 이 저작의 서문에는 다음과 같은 사회주의에 관한 설명이 제시되어 있다.

"현대 사회주의는 내용에 따르면, 한편으로는 현대 사회에서 지배적인 소유자와 비소유자, 자본가와 임금 노동자 간의 계급 적대에 대한 관찰의 산물이며, 다른 한편으로는 생산에 지배적인 무정부 상태에 대한 관찰의 산물이다. 그러나 이론적 형태에 따르면, 사회주의는 원래 18세기의 프랑스 계몽주의자들이 세운 원칙이 확대되고 일관되게 발전한 것이다."

이 설명에서 눈에 띄는 것은 무엇인가? 이 설명을 자세히 검토한 사람은, 여기에는 사회주의 내용 자체의 성격과 본질에 대한 명확한 진술이 결여되어 있다고 말할지도 모른다. 다만 말할 수 있는 것은, 사회주의가 어떤 *관찰*에 바탕을 두는가, 그리고 어떻게 *보이는가* 하는 것은 사회주의의 본질이 아니라는 점이다. 사회주의를 체제로 기술하는 설명은, 실제로 프리드리히 엥겔스나 카를 마르크스가 쓴 어떤 저술에서도 발견할 수 없다. 그 이유는 무엇인가? 그들은 그것에 관해, 그것의 본질에 관해 아무런 표상을 갖지 못했던 것인가? 그들이 그러한 표상을 확실히 갖고 있었다는 것을 우리는 확신할 수 있다. 그러나 그들은 사회주의 *체제*를 축조하는 어떤 시도에 대해서도 적대자였다. 그들은 이른바 사회주의의 고정된, 완성된 어떤 계획에 대해서도 적대자였다. 그들에게 사회주의는, 특정한 역사적 관계 아래서 스스로 성취되어 가는 역사적 발전 과정이다. 계획이나 도식이 결코 아닌, 오늘날의 자본주의적 생산 양식을 물질적 기반으로 하는 운동, 그들에 따르면 이것이 사회주의다. 또한 이 사회주의의 추동력은 프롤레타리아, 즉 현대 자본주의 사회에서의 노동자 계급의 계급 투쟁이다.

이 현대 자본주의 사회와 그 생산 양식의 특징은 무엇인가? 그 특징은, 자본주의 사회에서는 소작업장에서가 아니라──물론 예외는 있을 수 있지만 일반적으로는 아니다. 일반적인 것이 사회 상태를 특징짓는다── 대규모 기업에서 생산이 이루어진다는 것이다. 사회의 소비재는 농업 생산물이 아닌 한 자본주의 기업──자본주의적 생산 수단으로 경영되고 다소간 훈련된 형태의 노동이 이미 집단적으로, 혹은 마르크스식으로 표현하면 *사회적*으로 수행되는──에서 생산된다. 현대의 공장에서 일하는 사람들은 함께 모여, 매우 발전된 노동 분업에 따라 다양하게 세분화되어 생산하는, 그러나 그 속에서 전체로서의 기업의 인원들은 집단적으로, 좀 더 분명히 말하자면 사회적으로 생산하는 일종의 공동 사회를 이미 형성하고 있다. 이와 달리 기업 관리와 이익 획득은 개인적으로 이루어진다. 실로 오늘날 순수익은 점점 더 몇몇 개인이 아니라, 자본가 집단이, 천여 명 혹은 수천 명의 주주가 있는 주식회사가 흔히 얻게 된다. 이 주주들은 노동자 및 봉급 생활자와 대립되어 하나의 통일체를 이루며, 생산하는 이들과는 완전히 다른 존재이다.

이 체제, 즉 생산자인 노동자들——이들 위에 또한 상인층과 전문적 봉급 생활자가 추가된다——과, 개인이나 집단 형태의 소유자들인 자본 보유자들이 서로 분리되어 있고, 그래서 생산 수단의 소유가 생산 계층에게서 완전히 배제되어 있는 이 체제가 전제하는 바는, 생산층의 노동에서 노동력의 가치를 넘어서는 특별한 잉여가치가 산출된다는 것, 그리고 이 잉여가치로 다른 전체 사회 계급들이 살아간다는 것이다. 이 체제는 착취 체제로 경험되기 때문에 끊임없이 노동자와 봉급 생활자의 새로운 반항을 야기한다. 그리하여 필연적으로 자본가와 노동자 사이에서뿐만 아니라 자본가들 내부에서도 잉여가치 획득을 위한 투쟁이 반복적으로 나타난다.

후자의 관점에서는, 기업가 상호 간의 경쟁이 문제가 된다. 한 기업은 〔제품의〕 가격을 낮춤으로써 다른 기업을 축출하려고 하는데, 이것은 단지 기업을 개선함으로써 개별 상품들에 속한 잉여가치 부분을 축소할 수 있는 동안만 가능하다. 더욱 거대한 토대 위에서 노동 분업과 전문화를 실행하기 위해서 기업은 거대해진다. 그리하여 기업(모든 종류의 공장과 작업장)이 커지며, 기업이 커지면서 기업가에 대한 노동자의 의존도 함께 커진다. 이러한 현상은 특히, 우리가 현대 자본주의의 생산 형태, 말하자면 신디케이트나 트러스트로의 자본가 결합 형태를 갖게 된 곳에서, 따라서 노동자들의 조직화가 이루어지지 않은 상태에서 거대 자본가 집단이 수천 명의 노동자들에 대한 지휘권을 갖고 그들에게 심한 억압을 행사할 수 있는 곳에서 나타났다. 나아가 자본가들의 경쟁에서 기업 위기와 침체라는 결과가 뒤따른다. 생산 수단은 생산자들에게 더 이상 복종하지 않게 된다. 현대 자본주의 사회에서 일반적으로 생산은 '예측 생산'이며, 이는 결국 지나치게 대규모로 이루어져서, 시장에 과잉 생산 상황과 이어 경기 침체를 불러오는 기업 위기—이제까지 노동자들에게 엄청난 고통을 초래했던—가 발생한다. 이미 일정한 독점권을 가진 거대 신디케이트 측에서는 최근에 위기를 약화시키거나 단축시키기 위한 많은 장치가 생겨났지만, 독점을 통한 공중의 착취는 그만큼 더 지배적인 것이 되고 있다.

날로 첨예화되는 이러한 상황은, 마르크스와 엥겔스의 이론에 따르면 궁극적으로 사회 붕괴로 이어진다. 마르크스와 엥겔스에 따르면 전체 자본주의 체제는 내적 모순으로 인해 붕괴된다. 그동안, 자본주의 기업의 지속적인 확장의 결과로, 또한 소기업과 중규모 기업의 제거와 퇴조의 결과로, 프롤레타리아트는 점차 매우 크게 성장해 지배권을 확보하고 국가를 장악하며, 생산과 전체 사회를 자신의 요구에 따라 변혁시킨다. 따라서 이로부터 발전하는 새로운 사회는 특정한 성숙에 도달한 경제적 발전의 결과이다. 이상이 마르크스의 이론이다.

이제 여기서 엥겔스의 저술 중 결론을 요약하고 있는 몇 구절을 인용하고자 한다. 엥겔스는 여기서 발전의 전체 단계를 묘사하고 있다. 위에서 기술한 단계를 그는 다음과 같이 특징짓는다.

"한편으로는 기계의 개선. 이를 통해 경쟁은 개별 공장주에게 강제적인 법칙이 되며, 동시에 노동자 축출이 끊임없이 증가하면서 산업 예비군이 발생한다. 다른 한편으로는 생산의 무한한 확장. 동시에 경쟁이 모든 공장주에게 강제적인 법칙이 된다. 이 양 측면에서, 생산력의 전대미문의 발전, 공급 초과, 과잉 생산, 시장 범람, 10년 주기의 공황, 악순환. 즉 여기에서는 생산 수단과 생산물의 과잉이, 저기에서는 일자리와 생존 수단을 상실한 노동자의 과잉이 있게 된다. 그러나 생산과 사회 복지라는 이 두 축은 결합할 수 없다. 왜냐하면 자본주의적 생산 형태는 생산력과 생산물이 미리 자본으로 전화된 조건 아래서가 아니면 생산력을 작용시키는 것도, 생산물을 유통시키는 것도 허용하지 않기 때문이다. 그런데 생산력과 생산물의 과잉이 바로 그 자본화를 방해한다. 이 모순은 터무니없을 정도로 고조된다. 즉 생산 양식이 교환 형태에 반역하는 것이다. 그리하여 부르주아는 자신의 독자적인 사회적 생산력을 더 이상 관리해나갈 능력이 없다는 것이 명백해진다."

이어, 우리가 이미 일부 경험하고 있고 여전히 그 변화 과정에 있는 다음 단계가 도래한다.

"자본가 자신을 강제하는, 생산력이 가진 사회적 성격의 부분적 승인. 생산과 교통의 거대 기구가 처음에는 주식회사로, 다음에는 트러스트로, 그다음에는 국가로 단일화된다. 부르주아는 필요 없는 계급이 되고, 그들의 사회적 기능은 이제 모두 고용 사무원들에 의해 수행된다."

그리고 궁극적으로 이러한 상황이 온다.

"프롤레타리아 혁명, 모순의 해결. 즉 프롤레타리아는 공적 권력을 장악하고, 이 권력의 힘으로 부르주아의 수중에서 벗어나고 있는 사회적 생산 수단을 공적 소유로 바꾼다. 이러한 행위를 통해 프롤레타리아는 생산 수단을 이제까지의 자본적 특징에서 해방시키며, 그것의 사회적 본질이 완전히 자유롭게 발전할 수 있도록 한다. 이제부터는 사전 계획에 따른 사회적 생산이 가능해진다. 생산의 발전은 이제 각종 사회 계급이 존속하는 것을 시대착오적인 것으로 만든다. 사회적 생산의 무정부성이 사라짐에 따라 국가의 정치적 권위도 시들어버린다. 드디어 자기 자신의 사회화의 주인이 된 인간은 동시에 자연의 주인, 자기 자신의 주인이 된다. 즉 자유로워진다."

2. 사회주의 전 단계로서의 자유주의

이것이 마르크스와 엥겔스가 보았던 발전의 과정이다. 그렇다면 이러한 발전과 관련해 사회주의와 사회주의 이론의 과제는 무엇인가?

첫째: 이 발전과 발전 경향을 정확히 인식하는 것, 세부 사항을 상세히 탐구하는 것.

둘째: 노동자 계급을, 그 발전에서 그들에게 제시되는 과제를 위해 조직하고 정치적으로 교육하는 것, 즉 프롤레타리아 정당을 형성하는 것. 그 프롤레타리아 정당이 바로 사회민주당이다.

셋째: 발전의 장애물을 제거하는 것.

마르크스의 《프랑스 내전*Der Bürgerkrieg in Frankreich*》에는 1871년 파리 코뮌과 관련해 이렇게 씌어 있다.

"노동자 계급은 코뮌에 대해 아무런 기적도 요구하지 않았다. 그들은 인민의 결정을 통해 도입해야 할 고정되고 이미 완성된 유토피아를 전혀 가지고 있지 않았다…. 그들은, 다만 붕괴하는 부르주아 사회의 태내에서 이미 발전한, 해방시켜야 할 새로운 사회 요소를 갖고 있었을 뿐이다."

그리고 이러한 사회 요소의 해방, 즉 사회 발전을 가로막는 모든 장애물을 제거하는 것은, 그것은 시민 계급의 시대에 프롤레타리아를 선행한 시민 계급의 사명이었던 것처럼 프롤레타리아의 과제이다.

왜냐하면 프랑스어 부르주아의 의미에서 시민 계급은 역사 속에서 매우 혁명적인 역할을 수행했다. 마르크스와 엥겔스의 〈공산당 선언〉의 첫 부분에서, 우리는 바로 부르주아의 역사적 역할에 대한 찬미로 귀결되는 문장들을 읽는다. 이 시민 계급은 과거 봉건주의와 길드 사회에 반대한 해방적 계급이었기 때문이다. 시민 계급은 시간이 지나면서 자신의 발전에 방해가 되는 장애물들을 제거했고, 자신의 필요와 생산 양식을 위해, 즉 국내 시장과 이후 세계 시장에서의 자유 경쟁을 위해 사회적 힘을 해방시켰다. 그 속에 시민 계급의 역사적 사명이 있었던 것이다. 그러나 이 사명은 〈공산당 선언〉이 씌어진 1847년에 적어도 독일에서는, 또한 다른 많은 나라들에서는 아직 완전히 실현되지 않았다. 따라서 이 점을 고려해 마르크스와 엥겔스는, 사회적 관점에서 이미 자신을 부르주아의 적대자로 보고 있고 부르주아와 투쟁했던 존재인 사회주의자들은, 그럼에도 불구하고 때때로──〈공산당 선언〉에 정확히 그렇게 규정되어 있는데── 시민 계급이 반동적 계급에 대항해 혁명적으로 나타나는 곳에서는 이 시민 계급을 지지해야 하며, 때때로 프롤레타리아와 부르주아의 동맹이 배제되지 않는다는 실천적 결론을 이끌어냈다.

독일어에서는 부르주아가 이중적 의미를 갖지만, 이 독일어에서 논의를 해보기로 하자. 시민Bürger이라는 독일어는 두 가지 의미를 갖는다. 한편으로는, 누구이든 간에, 즉 프롤레타리아나 부르주아, 귀족이나 그 밖의 누구이든 간에 단순히 전체 사회의 구성원을 의미한다. 또 한편으로는 특정 사회 계층의 구성원, 즉 세습 귀족에 속하지 않는 소유 계급을 의미한다. 여기에서 시민은, 그가 스스로 자신이 속한 계급의 구성원임을 느끼자마자, 노동자나 프롤레타리아 계급과 대립하는 위치에 있게 된다. 그러나 소유 자본가 계급을 주시하면서 시민 계급이라는 말──이 말은 예전에 이미 정착되었다──에 대해 논해보자. 시민 계급은 그의 경제적, 정치적 진보와 함께, 또한 법적 관행, 법 개념, 그리고 실로 윤리에서도 중요한 진보를 성취했다. 신분제적 관행과 투쟁하고 이를 제거했다는 점에서 시민 계급은 적어도 원리상으로는 법 앞에서의 모든 이의 평등을 이룩했으며, 그것은 오늘날에는 하찮게 보일지 몰라도 당시에는 이례적인 진보였다. 현대 시민 계급은 적어도 원리상으로 개인의 자유, 개인의 자유로운 활동을 인정하도록 하는 데 성공했다. 그리고 그것은 프롤레타리아 계급이 필요로 한 것이었으며, 또한 오늘날 우리 모두가 자족감을 느끼기 위해 필요로 하는 것이다.

자유주의──여러 가지로 형해화되고, 여러 면에서 자본주의에 굴종하거나 그것의 지배에 빠져 있는 정당으로서가 아니라──, 세계관으로서의 자유주의는 그의 시대에 위대한 것이었으며, 오늘날에도 여전히 결코 불필요한 것이 아니다.

　세계관으로서의 자유주의는, 개인의 자유, 고유한 자유에 대한 권리, 자신의 주권에 대한 각 세대의 권리를 선언했던 프랑스 대혁명의 인권 선언 속에 나타나 있다. 어떤 세대도 다음 세대에게 법률을 지시할 수 없다고 인권 선언에 씌어 있다. 이것은, 라살이 그의 중요한 저작《기득권의 체계*Das System der erworbenen Rechte*》에서 상세히 진술했고, 이 혁명적 의미에서 현대 관계에 적용했던 이례적으로 혁명적인 사상이다. 그렇다면 "어떤 세대도 다음 세대에 대해 법률을 지시할 수 없다"는 말은 어떤 의미인가? 그것은, 어떤 세대도 이전 세대의 결정이 규정했던 기득권 개념에 묶여 있지 않음을 의미한다. 이것이 특히 포괄적인 결과를 보여준다는 것, 예를 들어 보상과 몰수의 문제와 관련해 그렇다는 것은, 오래 숙고할 필요도 없이 명백한 것이다. 왜냐하면 라살의 기득권 체계는 실제로, 혁명권이 유효하게 되기 위해서는 권력 자체 속에서 권리 사상이 표현되어야 함을 요구한다는, 혁명적 몰수권의 이론이기 때문이다. 혁명 상황에서는, "좋다, 우리는 지금 권력을 가지고 있고, 그리하여 우리가 원하는 것을 한다"라고 말하는 것이 당연하다. 라살조차도, 권리 사상은 오직 혁명적 권력 안에서만 지위를 가질 수 있으며 그래야 한다는 것을 보여준다. 라살은 자신의 저작을, 법령 안에 규정된 권리인 실정법적 권리와 권리 철학, 즉 자연권과의 화해라고 불렀는데, 이는 언제 법적 관념에 따라 보상이 되고 언제 바로 몰수되어야 하는지를 보여주는 것이다.

여기서 묘사된 발전, 곧 길드 사회와 신분제에서 해방되고 자유로운 개인이라는 원리가 성립하게 된 것에 관해 우리는 시민 계급에게 감사한다.

성취되는 데 수백 년이 걸린 이러한 발전은 우리에게, 단지 역사 속에서의 관념을 위한 투쟁으로 나타날 뿐이다. 그런데 오랫동안 사람들은 그 토대, 즉 관념들에 추동력을 부여하는 물질적 이해관계의 투쟁에 대해서는 거의 주의하지 않았다. 상승하는 시민 계급의 최초의 통일적인──이렇게 표현할 수 있다면──노력의 운동이었던 16세기의 종교 개혁, 영국 대혁명과 프랑스 대혁명, 이들은 결코 단절되지 않은 관념의 발전을 보여준다. 왜냐하면, 관념들은 원래 사회 발전의 태내에서 일어나는 물질적 과정을 통해 불러일으켜지지만, 독자적으로 더욱 발전하고 그 실현의 고유한 형태를 넘어서는 경향이 있기 때문이다. 인간 정신은 결코 머물러 있지 않으며, 특히 사회 발전은 그 자체가 진보한다. 따라서 예를 들면 오늘날의 시민 계급은 50년 전과 다르게 보이며, 또한 그때의 시민 계급은 100년 전과 다르게 보였다. 또한 시민 계급은 매우 다양한 층으로 나누어진다. 거기에는 거대 자본가층, 대-소 자본가층, 부르주아와 프롤레타리아 사이의 중간 계층을 이루는 프티 부르주아층과 지식인층이 있다. 이 다양한 계층은 당연히 다양한 이해관계를 지니며, 이러한 이해관계의 차이에서 다양한 성격의 관념과, 시민 계급이 그의 시대에 제시한 원리의 다양한 해석이 발생한다. 시민 계급 발전의 시기에 그의 관념들은 유토피아 속에, 관념적으로 주조된 미래상 속에 다양하게 표현된다. 사회주의적 유토피아뿐만 아니라 부르주아적 유토피아도 존재했다. 18세기 프랑스에서는, 사회에 관한 계획과 기획 또는 미래 사회에 관한 상이 실린 많은 문헌이 넘쳐났다. 이들은 모두 매우 아름답게 주조되었지만, 대부분 다소 부르주아적인 성격의 유토피아로서 시민 계급의 이데올로기 위에 축조된 관념이었다.

3. 사회주의와 노동 운동의 이데올로기

그러나 프롤레타리아 계급의 상태에 부르주아 이데올로기를 적용하는 것은 궁극적으로 사회주의적 이데올로기나 유토피아, 평등공산주의를 산출한다. 프롤레타리아 계급이나 무산자에 관심을 지닌 노동자나 앞서가는 시민은 이런 이론을 제시할지도 모른다. "시민 여러분, 당신들의 평등은 거짓

말일 뿐입니다. 당신들은 현실적 평등을 갖고자 원하지 않습니다. 당신들의 법 앞의 평등이란, 소유와 생활 조건의 불평등이 지속되는 한 아무것도 아닙니다." 따라서 부르주아적 이데올로기를 모방하거나 그것을 프롤레타리아 계급의 상태에 적용하는 것에서, 현재 공산주의나 공산주의 이데올로기로 불리는 새로운 사변적 구상이 생겨난다. 이제 '사회주의란 무엇인가?'라는 우리의 질문에 답해야 하는 지점에 왔다. 사회주의 혹은 사회주의적인 것이 관념인지 조치인지 혹은 정책인지 어떻게 알 수 있는가? 달리 말하면, 사회주의의 이데올로기라는 것이 또한 존재하는가? 만일 사회주의가 아무런 판단 척도도 갖지 못하는 것이라면 사회주의는 무엇이란 말인가?

이제, 사회주의가 이데올로기를 갖는가 하는 질문에 답해야 한다. 그렇다, 사회주의의 이데올로기는 존재하며, 그 이데올로기에 대한 판단 척도도 존재한다. 우리는 그 이데올로기를 어떻게 발견할 수 있는가? 우리는 그것을 상상된 사회로부터 추론할 수도 있을 것이며, 이는 실로 많은 이들이 행했던 것이다. 그러나 그것은 어느 정도 자의적이고, 따라서 오류로 이끄는 관념적 구상으로 남아 있을 것이다. 실제로 유용한 기준은 머리로 고안된 완성된 사회 기획——몇몇 사람이 아무리 그것을 믿고 싶어 한다고 할지라도——에서가 아니라, 사회 변혁의 실현에 적합한 사회 계급인 프롤레타리아 계급의 현실적이며 현존한 경제 상태에 뿌리를 둔, 살아 있는 욕구와 가능성에서 추론해야 한다. 그러나 이것은 올바로 이해해야 한다. 우리는 전체 사회 계급과 이 계급에 속한 개별 구성원을 구별해야 한다. 개개인으로서의 프롤레타리아는 다른 이와 마찬가지로 한 인간이며, 그러한 존재로서 당연히 결점을 지니고 있다. 그는 다양한 정신적 영향에 지배되며, 오늘날 그의 교육은 대부분 불충분하다. 그리고 그는 우리가 매일 보듯이 가능한 모든 편견——그가 성인이 되도록 사로잡혀 있는——에 둘러싸여 있을 수 있다. 그는 장점 외에, 자신의 사회적 상태에서 파생되는 정신적 결함 또한 가지고 있다. 그러나 내가 프롤레타리아 계급에 관해 말할 때, 그것은 전체로서의 노동자를 염두에 둔 것이다. 이 전체로서의 노동자는 자신과 같다고 느껴지거나 자신과 결합되어 있다고 느끼는 다른 사회 계층 구성원들과 함께, 계급 상황과 그 원인에 대한 인식에서 더 높은 사회 형태의 실현을 지향하는 특정한 관념을 발전시킨다. 따라서 카를 마르크스와 프리드리히 엥겔스가 쓴 〈공산당 선언〉은, 공산주의자의 최초의 조건으로서 프롤레타리아 계급으로의 조직을 요구했던 것이다.

계급이란 무엇인가? 특정한 사회, 오늘날의 현대 사회에서 계급이란, 주로 소유 관계와 수입 상황 등의 동일한 생활 조건 아래 존재하면서 이 사회의 언급할 만한 부분을 구성하고 있는, 사회의 구성 요소이다. 사회주의 운동이 존재하기 전에도 무소유로 전적으로 임금 노동에만 생계를 의지하는 사람들을 의미하는 '프롤레타리아'가 이미 있었다. 그러나 '프롤레타리아'는 대체로 자신을 단지 가난한 자라고 느꼈을 뿐이다. 그들이 느끼기에는 단지 부자와 가난한 자 사이의 구별만이 있었다. 거기서 '프롤레타리아'는 '그들은 부자이고 우리는 가난한 자'라고 느꼈다. 그러나 자신이 다른 가난한 자들이나 무산자와 구별되는 노동자로서 특정한 사회 계급에 속한다는 생각은 여전히 그의 의식 속에 떠오르지 않았다. 노동자들이 스스로를 특정한, 특별한 임무에 적합한 사회 계급이라고 느끼게 하는 운동으로 노동자들을 조직하는 것, 이것이 우선 독일에서 1847년 결성된 공산주의자연맹 참여자들이 과제로 설정했던 것이며, 또한 오늘날 사회주의자들의 거대 정당의 과제이기도 하다. 노동자들이 계급을 조직하는 동안에 사회주의자들은 그들에게 계급 의식을 창출시킨다. 노동자들에게 그 계급 의식은 그들이 고유의 특정한 물질적 이해관계를 갖고 있다는 인식에서 그치는 것이 아니라, 현대 사회의 노동자들로서 사회의 지속적 발전을 위한 역사적 사명을 그들이 갖고 있다는, 더 높은 사회적 혁명적 과제가 부여되어 있다는 인식이 된다. 이것이 그 말의 완전한 의미에서 사회주의 정당 조직의 전제였고 또한 전제이다.

이것은 이미 〈공산당 선언〉에서 언급된 바이다. 그러나 놀랍게도 라살 역시, 1862년에 베를린 노동자들 앞에서 행한,

그리고 그때《노동자 강령*Das Arbeiterprogramm*》이라는 팸플릿으로 발간한 그의 강연에서 다른 말로——심지어 우리가 반론을 제기할 수 있는 몇몇 표현과 함께——그런 얘기를 했던 것이다. 그 속에 있는 많은 것들이 시대에 뒤떨어졌지만, 그것은 내가 오늘날에도 누구에게나 일독을 권할 수 있는 저작이다. 그럼에도 그 저작은 나온 지 이미 50년이 넘은 것이다. 그 글에서 라살은, 우리 시대의 노동자들이 처한 역사적 상태에서, 그의 표현에 따르면 노동자들의 '이상Idee'이 무엇인가를 발전시킨다. 즉, 그들의 상태로 인해 노동자들이 새로운 사회를 창조할 자격이 있다는 것을 라살은 그들에게 보여주고 있으며, 이어 이 사실로부터 정치적 투쟁을 위해서뿐만 아니라 그들의 전체 생활 방식과 전체 사유 세계를 위해서 결론을 끌어내라고, 언제나 이 과제를 생각하라고, 그들이 서 있는 곳에서 스스로를 이 생각으로 가득 채우고 이 과제에서 결론을 끌어내라고 그들에게 호소한다. 라살은 노동자들에게 호소한다. "그들에게는 더 이상 사유하지 않는 자의 즐거움과 억압받는 자의 악습이 어울리지 않는다. 그들이 이 생각으로 스스로를 가득 채운다면, 그들은 자신이 현재라는 교회의 반석이라는 사실을 결코 잊지 않을 것이다." 우리는 오늘날에도 이 아름다운 말을 잊지 말아야 할 것이며, 노동자들의 권리가 갖는 현실적, 물질적 이해관계를 넘어서는 이 위대한 것을 외면하지 말아야 할 것이다.

노동 운동의 경과는 어떠했던가? 현대 노동 운동은 공장에서 일어난 몇몇 봉기와 함께, 처음에는 기계에 적대해, 나중에는 분파를 형성하면서 시작된다. 노동자들은 아직 자신의 계급에 관한 관념을 갖지 못했으나 다른 상태를 추구하려는 노력을 하고 있었다. 그럼에도 불구하고 그들은 그러한 상태를 실현하기 위한 수단을 아직 깨닫지 못하고 있었고, 정치적 권리도, 이것을 실현시킬 수 있는 가능성도 전혀 갖고 있지 못했다. 그리하여 그들은 다만 다소 공상적인 계획에 몰두하는 집단——분파——을 형성했을 뿐이다. 어떤 경제적 관점에서 확고한 기초를 가진 이론은 아직 전파되지 않았다. 그러나 시간이 경과하면서 반란과 봉기 운동에서 시작한 노동자의 현실적인 투쟁은 사회에서 계급 투쟁이 된다. 그리고 계급 투쟁으로서의 프롤레타리아 노동자 계급의 투쟁은 필연적으로 *정치* 투쟁이 되는 것이다. 이것은 매우 중요하게 견지되어야 할 점이다. 단지 순간의 특정한 욕구에 관련된 것이 아닌 투쟁은 정치 투쟁이다. 거기에는 포괄적인 사회적 요구의 실현이 이미 관계되어 있기 때문이다. 노동자들의 부분적인 운동은 어느 시대에나 사회적으로 무관심해지며, 실로 심지어 반동적이기까지 하다. 이것은 오늘날까지도 여전히 가능한 일이다. 공장 내의 노동자들은 전체에 반한 특수 이익을 위해 투쟁할 수 있다. 상황에 따라서 노동자들은 심지어 높은 임금 가격을 위해 기업가와 결합할 수도 있으며, 그리하여 높은 가격을 통해 전체 공중에게서 이익을 빼앗게 된다. 이것은 전혀 계급 투쟁이 아니다. 그러한 투쟁이 스스로를 설명하고 때로 심지어 스스로를 정당화할 수 있을지는 모르지만, 그 투쟁은 계급 투쟁과는 아무런 관련이 없으며, 단지 일반적인 이해 투쟁일 뿐이다.

그러한 것은 사회주의와 무관하다. 노동자를 그가 고용된 공장의 주인으로 만들려는 생각도 마찬가지로 사회주의가 아니다. 이러한 관점에서 동쪽의 한 이웃 나라(러시아)에서 우리가 본 것은 전혀 사회주의가 아니다. 중요한 사회경제학자인 카를 로트베르투스Karl Rodbertus는 루돌프 마이어Rudolf Meyer나 페르디난트 라살과 주고받은 서한을 통해 이 점을 어느 누구보다도 날카롭게 지적했다. 익히 알다시피 라살은 생산자조합을 위한 거대 규모의 국가 보조라는 요구를 제기했었으며, 그는 이를 사회주의로 이행하는 한 수단으로 간주한다. 그러나 로트베르투스는, 그것과 함께 창조되는 노동자의 기업 소유권은 자본주의적 소유권보다 훨씬 더 나쁜 사적 소유권이라고 주장했다. 어째서인가? 그것은 매우 단순히, 노동자들은 그의 기업에서 기업가가 되자마자 노동자들을 전체와 대립하게 하며, 기술 개선, 노동 절약적인 기계 도입 등을 위한 동기를 노동자에게 해가 된다는 이유로 쇠퇴시키기 때문이다. 그러나 사회주의는 집단의 특수 이해를 넘어 전체의 이해를 고양시키는 사상이다. 사회주의는 계급의 전체 이해에서 나오며, 전체 이해와 대립되는 개별 기업의 이해와는 아무런 관계가 없다.

오늘날 혁명 상황에서 우리는, 전에는 대부분 노동조합으로 조직되어 있던 노동자들이 노동조합과 대립해 기업 속에서 행동하는 현상을 본다. 지금 이 대목에서 노동조합 지도자들을 옹호하거나 공격할 생각은 없다. 그들 역시 잘못할 수 있지만 그것은 다른 문제이다. 그러나 적어도 특정 산업의 모든 노동자를 포괄하려고 노력하며 계급 투쟁의 정신 속에서 인도되는 노동조합의 사상은, 언제나 기업 각각의 행동——그것이 노동조합 투쟁의 수단이 아니라면——더더욱 사회주의에 근접해 있다.

같은 이유에서 나는 이익 분배를 통해 노동자의 상태를 개선하려는 생각에 대해 일생에 걸쳐 반대했다. 공장주들은 한편으로는 고결한 마음에서, 다른 한편으로는 타산에서 그의 노동자들에게 공장의 이윤을 분배한다. 이것 역시 전혀 사회주의적 사상이 아니다. 왜냐하면 그것은 이익을 분배받은 노동자들을 그들의 직업 동료들과 대립하게 만들기 때문이다. 이러한 문제에 관해 우리가 말할 수 있다면, 노동자에게 가장 가치 있는 이익 배분은 노동자 전체가 전체 기업 부문의 기업가들과 협약한 임금이다.

물론 일부 노동조합은 보수적일 수 있으며, 상황에 따라서는 심지어 반동적일 수도 있다. 우리는 이를 영국에서 경험했다. 즉 노동조합들은 기술 진보에 직접적으로 반대했는데, 자신의 동료들이 그런 기술 진보를 통해 피해를 입게 된다고 믿었기 때문이다. 이러한 일은 다른 나라들 여기저기서도 일어난다. 우리는 노동조합이 보수적이라는 것을 경험한 것이다. 그러나 모든 직업의 노동자들을 포괄하는 노동자 정당은, 영국의 노동당처럼 본질적으로 노동조합에 기초를 둔 것이든, 아니면 독일의 사회민주당처럼 정치적으로 조직된 것이든, 경제적, 정치적, 정신적, 도덕적인 사회적 삶의 모든 영역에 관련된 심대한 진보라는 커다란 의미에서 혁명적인 것 외의 다른 것일 수 없다. 그 이유는 무엇인가? 현대 사회에서 전체로서의 노동자 계급은 거의 모든 부르주아 정당들의 경우처럼 과거에서 전수된 관행에 묶여 있지 않기 때문이다. 계급으로서 그들은 진보에 저항할 어떤 이해관계도 갖고 있지 않다. 계급으로서의 그들의 복지와 고통은 사회적 진보에 연관되어 있다. 사회적 진보와 기술적 진보는 때때로 노동자를 불필요하게 만들기 때문에 자신들에게 피해를 입힌다고 개별 노동자들이 믿는다고 해도, 그럼에도 불구하고 전체는 이러한 진보에서 생산물의 증대와 사회적 부의 증가라는 커다란 이익을 얻는다. 이것이 사회 진보의 조건이다. 어떤 수준의 사회적 부가 없다면 사회를 사회주의적 의미로 변화시킬 수 없기 때문이다.

노동자 계급은 교통과 생산 등의 모든 영역에서 진보에 가장 큰 이해관계를 가지며, 그래서 그들은 모든 특정 소유권의 이해관계에 대한 적대자이다. 따라서 노동자 계급은 사회주의 이념의 견인차이다. 이것은 일반 국가에 대한 노동자의 태도에서도 나타난다. 발전의 특정 단계에서, 그리고 국가의 특정 헌법을 고려할 때, 노동자들은 국가에 적대할 수 있고, 실제로 적대해왔으며, 상황에 따라서는 적대해야만 한다. 그러나 그것은 특정한 *형태*의, 특정한 지배 관계 아래의 국가에만 해당된다. 민족의 거대한 전체 통합체로서, 거대한 전체 이해의 적합한 보호자로서 국가의 *기능*에 관련된 것, 거기에 노동자들은 한 영역에서 국가와 함께 서 있다. 노동자들은 특정 국가에 구속되어 있지 않다. 노동자들은 사회가 국가로서 지속되는 것, 말하자면 국가를 통해 통합되는 것에 구속되어 있지 않다. 생각할 수 있는 다른 통합 형태들이 있다. 그러나 이성적 법 관념에 의거한 국가가 스스로 기초로 삼고 있는 근본 사상을 노동자들 역시 높게 평가한다. 다시 라살을 언급하자면, 그는 위대한 그리스 철학자 헤라클레이토스의 철학에 관해 대단히 심사숙고해 쓴 저작에서, 헤라클레이토스의 말을 인용해 그 근본 사상을 명백히 표현하고 있다. "전체에 헌신하라! 그것은 인륜성Sittlichen의 영원한 근본 개념이다." 이것이 또한 계급으로서의 노동자들이 필연적으로 가져야 할, 또한 개별적 노동자 다수도 갖기를 원할, 노동자 계급의 윤리이다. 개개인의 결점은 전체 운동 속에서 사라진다. 그들 모두 다소 의식적으로 그들의 사회적 판단 양식 속에서 공유하고 있는 것은 전체 운동 속에서, 각자가 개인으로서 가지고 있는 고유한 다른 속성과 나란히 공통 관념으로 남아 있다. 노동자 계급은 전체의 사상에 결속되어 있다. 앞에서 언급한, 내가 다섯 사람에게 제시했던, 사회주의를 무엇으로 이해하느냐는 질문에서 나는 한 나이 든 노동자에게서 고전적인 답변을 들었다. 그의 종이에는 단 한 단어가 씌어 있었는데, 그것은 연대성Solidarität[46]이었다. 내가 볼 때, 그것은 한 단어로 주어질 수 있는 가장 옳은 대답이었다. 공유의 느낌, 사회로서의 인간의 결속, 그것이 그 소박한 사람에게 사회주의의 본질적 사상이었던 것이다. 그런 말을 할 때 그가 특정한 사회경제적인 구상을 근본적으로 옳은 관념과 결부시키고 있다는 것은 명백했다.

그런데 연대성은 어떻게 실현되는 것인가? 노동자들은 다양한 기업 속에 있으며, 다양한 공장에 고용되어 있다. 그러한 상황에서는 그들의 이해관계가 때로 대립하게 되는 것은 불가피하다. 연대성은 '국가 내에서im Staat'[47] 정치적 투쟁을 통해 실현되며, 노동자 계급은 오직 *민주주의* 내에서 정치적 투쟁을 가장 성공적으로 이끌 수 있다. 모든 계급 특권의 폐지[48], 그것은 노동자 계급의 정치적 기본권이다. 개별 시민들도 계급의 이해관계를 넘어설 수 있으며, 이데올로기로서 완전한 민주주의의 실현을 지지할 수 있다. 그러나 어떤 사회 계급도 노동자 계급만큼 전면적이고 무조건적으로 모든 영역에서 민주주의를 지지할 수는 없다. 민주주의는 모든 계급특권의 폐지이며, 공적인 대의 기구를 선출하기 위한 것만이 아닌, 모든 이의 정치적 권리이다. 그러나 민주주의는 훨씬 더 광범위한 것이다. 민주주의는 전체 법 질서와, 나아가일련의 다른 공적인 관행에도 적용된다. 민주주의는 필연적으로 모든 자본주의적 독점을 제거하기 위해, 더 정확히 말하면 그 독점이 지닌 자본주의적 성격을 제거하기 위해 현대 사회 속으로 확산된다. 민주주의는 당으로서의 노동자의조직화와 경제적 투쟁을 위한 계급으로서의 노동자의 조직화를 증대시킨다. 민주주의는 국가와 지방 자치 단체에 대한필요성을 증대시킨다. 노동자들이 완전한 민주적 선거권을지니고 계급 의식에 도달하게 된 곳에서 노동자는 국가에,더 많은 지출이 뒤따를 수밖에 없는, 문화적 성격의 더 큰 요구를 제기하게 된다. 노동자들은 전체를 통해——독점 기업의 성격에 따라 각각 국가나 지방 자치 단체를 통해——독점기업의 접수를 향한 요구를 증대시킨다. 이러한 것들을 우리는 평화적 시기에도 이미 충분히 분명하게 추구할 수 있었다. 많은 사회주의자들에 의해 오랫동안 과소평가되었던 보통선거권의 사회적 영향은 너무도 끈질기게 떠오르는 주제였기 때문에, 물론 민주주의적 권리에 대한 적대자는 아니었으나 특정 시기에 보통선거권을 위한 투쟁에 관해 상세하게 탐구하고자 하지 않았던 마르크스와 엥겔스도, 이 투쟁은 완전히 정당하다는 것, 그리고 민주주의적 권리는 더 큰 권리를 쟁취하기 위해, 그리고 사회의 재편성이라는 의미에서 더 많은 조치들을 실행하기 위해 노동자 계급이 사용할 수 있는 거대한 지렛대라는 것을 확신했다. 우리는 이러한 사실을, 독일 제국과 각 주들, 그리고 지방에서 평화적 시기에 이루어진 우리의 정치적 활동 중에 가까이서 경험한 바 있다. 독일과 다른 나라들에서 지난 10년간 이루어진 사회 정책적 입법을 추적한 사람이라면, 사회 정책적 입법이 중요한 개혁을 많이 가져왔다는 사실을 인정할 수밖에 없을 것이다. 이러한 것은 분명 사회 정책적 입법에 대한 지나친 찬사일 수 있을 것이다. 그러나 그러한 입법은 의심의 여지 없이, 그러한 나라들에서는 조직된 노동자 계급의 압력을 통해, 독일에서는 사회주의 정당으로서의 사회민주당의 압력을 통해 존재하게 되었으며, 독일 사회민주당은 민주주의적 선거권 덕분에 필연적인 힘으로 그러한 압력을 행사할 수 있었다. 모든 나라에서 동일한 것이 성취되지는 않았는데, 몇몇 나라에서는 바로 선거권이 아직 제한되어 있다는 점 때문에 그렇다. 다른 나라들의 경우는, 예를 들어 광범위한 수준에서 아직 농업 국가인 프랑스의 경우는, 노동자 계급이 충분히 다수가 아닌 데다 정치적으로 통일되어 있지 않았기 때문이었다.

독일의 경우 만일 선거권이 독일의 가장 큰 주에 국한되지 않았다면, 그리고 선거권이 단지 형식적으로만 평등할 뿐 실질적으로는 불평등한 제국에서 헌법에 따른 국민 의회의 입법 결정을 연방 의회가 무시하지 않았다면, 국가와 사회 속에서의 역학 관계가 선거권의 완전한 작용을 방해하지 않았다면, 독일에서는 다시 더 많은 것이 성취될 수 있었을 것이다. 그러나 민주주의와 민주주의적 선거권이 실현된 현실과 민주주의가 지닌 거대한 잠재력은 입증되었다. 그리고 민주주의적 선거권이 실현된 현실과 민주주의가 완전한 영향력을 행사하는 데 방해가 되는 역학 관계는 오늘날 혁명을 통해 무너졌다. 그와 함께 가장 큰 국내 정치의 장애물이 제거되었고, 현재 사회 질서의 완전한 유기적 개조의 길이 열렸다. 유기적인 길이 최선의 길일 것이다.

4. 사회주의를 향한 도정에서의 난제들

그러나 유감스럽게도 우리는 국내 정치의 장애물들로만 고통을 겪는 것이 아니다. 오늘날 사회화Sozialisierung를 부르짖는 소리가 많이 들리게 되었다. 우리는 다양한 측에서 그러한 외침을 듣는다. 이해할 수 있는 일이다. '사회화'는, 자본주의 경제의 해악과 불의를 종식시켜야 하는, 사회민주주의가 추구하는 '사회화Vergesellschaftung'에 대한 포괄적인 기

술적技術的 표현이다. 그러나 그 외침이 다양하게 제시된 현
상에서, 왜 지금 당장 사회화가 안 되는가라는 조급한 질문
에서, 사회화의 직접적 가능성과 영향력을 믿는 상당한 기
적 신앙, 또한 현재 존재하는 여러 관계 아래서 사회화에 가
로놓여 있는, 그리고 부분적으로 정치적 영역에도 존재하는
엄청난 어려움에 대한 완전히 잘못된 판단이 보인다. 그것은
당연하지만 조급한 생각이다. 그 조급함은 이해되지만, 그러
한 거대한 일의 일부도 수 주나 수개월로는 불가능하다는 사
실을 누구나 충분히 이해해야만 한다. 우리 산업이 가장 커
다란 어려움과 싸워야 하는, 그리고 우리가 아직 크기를 가
늠할 수 없는―― 왜냐하면 우리는 승전국들이 우리 독일에
게 부과하게 될 조건을 알지 못하기 때문에―― 저해 요인들
이 앞에 놓여 있는 오늘날, 극단적인 말로 표현해서, 기적 신
앙이란, 우리가 이러저러한 산업이 사회화되었다고 공표할
때 그것으로 이미 노동자나 전체를 위한 어떤 본질적인 것이
당장에 개선될 것이라고 상상하는 것이나 마찬가지이다.

　국유화Verstaatlichung와 공유화Kommunalisierung는 사회화의
고전적 형식이다. 이들은 당연히 목적 자체는 아니다. 이들
은 단지, 전체 복지를 가능한 한 높이 성취하는 것을 최고 과
제로 삼고 있는 목적을 위한 수단일 뿐이다. 이들에 도달하
는 것은, 생산, 생업, 유통 등의 경제적 영역에 가능한 한 높
은 경제성을 도입함으로써 보증된다. 따라서 우리는 사회화

에 착수하고자 할 때는 반드시 이러한 질문을 던져야 한다. 우리가 취하는, 그리고 취할 수 있는 조치들이 과연, 우리가 실질적으로 경제성을 성취하도록 해주고, 경제성의 관점에서 상황의 압박 때문에 때때로 전진하는 대신에 퇴보하는 것을 막아주는 것인가? 나는 이미 언급했던 조급함을 이해하며, 그것이 추동력이 될 수 있다고 평가한다. 그러나 우리는 오늘날 위험에 처해 있는 것을 감추려고 해서는 안 된다. 사회화에서 가장 중요한 것은, 생산과 다른 국민 경제 부분을 전체의 규제적 통제 아래로, 실로 이제까지 존재했던 것보다 훨씬 더 강하고 더욱 포괄적인 통제 아래로 가져와야 한다는 것이다. 사회를 통한, 그리고 사회를 위한 관리로 경제를 이전하는 것을 실현하는 방법은 다양하다. 그 이전은 반드시 특정한 하나의 방법에 달린 것이 아니다. 농업을 제외한다면, 현재 독일에는 약 300만의 다양한 종류의 생산 기업과 상업 기업들이 있다. 그것의 절반 이상이 소기업, 1인 기업, 혹은 아마 조수와 함께 운영되는 기업인데, 이들은 사회화를 위해 즉각 고려할 수 있는 대상은 아니다. 이들 기업이 더 많다고 쳐보자. 즉 그 수를 3분의 2로 정해보자. 그래도 여전히 중기업, 대기업, 거대 기업 등 다양한 크기의 수백만 기업이, 생산, 교환, 운송 등 다양한 종류의 기업이 남는다. 기업가 대신 관리를 무차별적으로 거기에 앉힌다면, 그 때문에 즉시 어떤 것이 더 나아질 것이라 생각할 수 있겠는가? 나는 그렇지 않다고 생각한다. 사적 기업에서 공적 기업으로의 변혁은, 각각의 특정 경우마다 특정 관점에 따라 주의 깊게 체계적으로 실행되어야만 하는 과정이다. 경제의 어떤 분야나 기업의 어떤 종류가 효과를 극대화하면서 사회에 의해 접수되어야 하는지, 그리고 경제 기업이 곤란에 빠지지 않기 위해서는 어떤 것을 당분간 계속 사적 소유에 남겨두는 것이 더 나은지, 혹은 그렇게 남겨두어야만 하는지를 우리는 탐구해야 한다. 현재 공적 기업이냐 사적 기업이냐의 문제보다 더 중요한 것은 기능하는 기업인가 아니면 정체하는 기업인가의 문제이다. 현재 우리 [독일] 국민들은 과거 그 어느 때보다 더 노동에 의지하고 있기 때문이다.

전쟁 전에 독일은 전체적으로 부유한 나라였다. 오늘날 독일은 빈곤한 나라가 되었기 때문에, 빈곤한 나라들이 시행하는 것과 같은 경제 정책을 시행하지 않을 수 없으며, 또한 독일은 나라를 꾸려나가기 위해 10억 마르크에 달하는 원자재와 부분적으로 식품을 수입해야 하기 때문에 엄청난 규모로 완제품을 수출할 수밖에 없다. 궁극적으로 상품은 상품으로 지불하는 것이기 때문이다. 금은 즉시 바닥이 났고, 우리가 찍어내는 지폐는 해외의 누구도 명목 가치대로 사주지 않는다.

독일의 두 번째 제국 제상이었던 카프리비Caprivi 백작은 1890년대가 시작되던 당시, 독일이 필요한 모든 원자재와 모든 식품을 자체적으로 생산하는 것은 아니라고 지적하면서, 우리는 상품을 수출하든지 아니면 인간을 수출해야만 한다고 말했다. 인간 수출은 다른 말로 하면 이민을 의미한다. 나는 우리 노동자들의 상당 부분이 결국 스스로 이민을 택하는 모습을 보게 되지나 않을까 두렵다. 그러나 우리는 인위적으로 그 수를 증가시키기를 원하지 않는다. 나에게 이미 한 가지 질문이 제기될 것이다. 그들이 어디로 가야 한단 말인가? 매우 타당한 질문이다. 현재 우리는 세계 속에서, 이 무섭고 범죄적인 전쟁이 낳은 이전과는 전혀 다른 관계와 마주하고 있다. 우리는 독일인에게 적대적인 입법에서 나타나는 다양한 증오를 만난다. 이것은 이민을 전쟁 전보다 훨씬 더 어렵게 만드는 점이다. 프라일리그라트Freiligrath[49]가 혁명에 관해 다음과 같이 말한 것이 독일 노동자에게 해당될 수 있을 것이다.

"혁명은 타향의 화로를 찾다가 조용히 재 속에서 스러진다."

따라서 오늘날 우리는 의심스러운 실험을 통해 인위적으로 이민 수를 증가시킬 수는 없다. 우리는 외국을 찾아야만 하는 우리 노동자의 수를 가능한 한 낮추도록 노력해야 한다.

이것이, 왜 우리가 사회화Sozialisierung를 주의 깊게, 점진적으로 체계적으로, 진행시켜야 하는지, 그리고 왜 우리가 비사회화된 산업에 당분간 생존하고 활동할 가능성을 허용해야 하는지에 대한 더 큰 이유이다. 나는 다시 한번 말한다. 사회화에는 다양한 길이 있다고. 사회화는, 국가 기업이든 지역

기업이든 제국 기업이든 간에 특정 기업이나 기업 집단을 직접 접수함으로써 일어날 수 있다. 또한 사회화는, 법률이나 지시를 통해 전체가 좀 더 강력히 개입하는 것을 통해서도 일어날 수 있다. 이미 오늘날에도 이런 사회화는 부분적으로 이루어지고 있다. 공장법Fabrikgesetz은 당시 자본가들에 의해 그들의 지배에 대한 침해로 간주되었고, 그들은 그 법에 대항해 투쟁했다. 그들은 자신의 기업에서 지배자이기를 원했다. 우리의 경우, 특히 비스마르크Bismarck는 한때, 영국에서 공장주들이 처음 공장 감독을 도입한 상황에서 보였던 태도와 비슷하게 공장 감독에 관해 분개한 바 있다. 또한 그는 그 법이 자신의 나라에 도입되지 않기를 원했다. 그러나 그럼에도 불구하고 그 법은 도입되었다. 전체의 복지를 위해서, 사회적, 경제적인 진보라는 혜택을 위해서 도입된 것이다. 점진적으로 국가나 제국은 전체의 대표자로서, 전체가 임시로 자본가의 손에 맡긴 기업에, 그 기업의 이윤과 가격 결정에, 가격을 무제한적으로 인상하려는 독점이 발생하지 않도록 관여할 수 있다. 이러한 일은 여기저기서 일어나고 있으며, 더욱 발전될 수 있을 것이다. 이런 식으로 전체는 경제에 대해 더 큰 권리를 가질 수 있으며, 생산에 더 많이 관여할 수 있다.

나는 20년 전 한 저작에서[50] 다음과 같은 구절을 표명했는데, 지금도 여전히 그것을 강조하고자 한다. "좋은 공장법은 수백 개 기업의 국유화보다 더 많은 사회주의를 담고 있다."

왜냐하면 여기에서 전체의 이익은 더욱 큰 범위에 미치며, 좀 더 많은 사람들의 복지와 관계되기 때문이다. 이에 반해, 국가가 몇몇 이상의 기업을 갖는 동시에 아마도 여전히 자본주의적 방식으로 경영한다면, 그것을 무엇이라 불러야 하는가?

5. 사회주의 실현의 이유와 방법

노동자 계급은 국가와 행정의 민주화, 기업의 민주화, 그리고 학교 제도, 보건, 예술, 교통 같은 모든 영역으로 민주화가 확장될 것을 요구한다. 모든 영역에서 노동 운동은 전진한다. 그것은 노동 운동의 전체적인 본성 때문이며, 또한 노동 운동이 정신적으로도 전진해, 물질적인 이득을 성취하고 소득을 향상시키는 것으로 만족하는 것이 아니라 진정으로 정신적으로 자유로워지기를 원하는 요소를 점점 더 많이 창출하고 있기 때문이다. 〔노동자들의〕 수는 아마도 우리 모두가 바라는 것만큼 그렇게 많지는 않지만, 그러나 지속적인 성장 속에는 배우고 스스로 교육하고 정신적으로 원대한 것을 지향하는 노동자들의 수가 포함되어 있다. 오늘날 우리는 실로 얼마나 많은 노동자들이 그들의 계급 활동을 통해 그들이 제국과 국가의 가장 높은 지위에 적합하다는 것을 보여주고 있는지를 본다. 나는 노동자에게 아첨할 사람이 아니다.

그러나 나는 이렇게 말할 수 있다. 노동 운동은 노동자들에게 계급 의식을, 부르주아와 참석자 중 많은 이들이 그것이 어떤 일을 수행했는지를 알지 못한 채 매도하고 저주했던 이 계급 의식을 명백히 해주고 각인시킴으로써 위대한 것을 창출했다. 왜냐하면 말 그대로 자신의 계급에 대한 의식에 이르게 된 노동자들, 바로 이들이 노동자 이데올로기의 대변자이기 때문이다. 우리 주변에서 일어나는 온갖 급격한 변화에도 불구하고 이 위대한 혁명이 상대적으로 평온하고 '합법적으로'──내가 쓰고 싶은 표현이지만──성취되고 있다는 것은, 우리가 그토록 많은 노동자들 속에서 이러한 대변자들을 갖고 있다는 사실 덕택으로 돌려야 할 것이다.

14일 전 여기 베를린에서 개최된 경제 회의에서 나는 자본가들에게 이렇게 말했다. 당신들은 빈번히 노동 운동을 저주해왔으며, 자주 그것에 화를 내곤 했지만, 지금은 혁명을 일단 지켜보고 있다. 그렇다면 베를린에서 우리가 경험하고 있는 유감스러운 충돌은 무엇인가? 매일매일 벌어지는 시위는 무엇인가? 그러나 실제로 그것은 누구에게도 털끝만큼도 해를 끼치지 않는 것이다. 물론 여기저기서 지나친 경우도 보인다. 그러나 대체로 전체적으로 그 운동은 평온하고, 이렇게 표현할 수 있다면, 합법적으로 행해지고 있다. 어째서인가? 왜냐하면 우리는 이미 혁명 전에 노동 운동──노동자가 조직하고, 정치 조직이나 노동조합 조직 등 가능한 모든 창조물 속에서 양성해온 노동 운동, 그리하여 노동자들에게 사회적 삶, 정치적 삶, 국가 생활을 이해하게 해주고 사회적 연관을 파악하게 해주며, 이러한 것에 관해 아무것도 모르는 노동자들처럼 맹목적으로 그것에 간섭하지 않게 해주는 노동 운동──을 경험해왔기 때문이다.

노동자의 계급 운동은, 모든 계급 차별을 제거하고 사회 자체를 통해 전체 경제를 계획적으로 규제한다는 의미에서 사회의 변혁을 위해 모든 영역으로 전진한다. 그리고 이것이, 나는 이렇게 말할 수 있다고 믿는데, *이것이 사회주의이다.* 사회주의는 결코 공식이나 도식이 아니다. 또한 사회주의는 단지 임금 노동자들만의 문제가 아니다. 현대 사회의 주요 계층들은 자신의 견해를 변화시킨다. 봉급 생활자 Angestellten가 상점 주인과 본질적으로 동등하게 느끼고 노동자들Arbeiter에게 경멸적인 시선을 던지던 시기가 있었다. 젊은 시절 내가 은행 사무원으로 일할 때 한 동료는 보통 그의 상사들의 불구대천의 원수였으며 그들과 늘상 반목하고 있었다. 그러나 내가 사회주의자가 되고 노동자들과 공감하게 되었다는 것은 결코 그의 머리로는 납득할 수 없는 일이다. 그는 순수한 베를린 사람이었고, 베를린 은어로 표현하기를 즐겼다. "제화공과 재단사가 도대체 당신과 무슨 관계가 있단 말인가?Wat jehn denn Sie die Schuster und Schneider an?"[51]라고 그는 늘상 내게 비난을 던지곤 했다. 오늘날 은행의 사무

원조차 다른 상점의 점원을 완전히 다르다고 생각하지 않는다. 경제 발전과 더불어 이들 사무원들의 지위 또한 점점 더 변화한다. 이들은 스스로를, 노동자들과 동일하게는 아닐지라도 유사하게 느낀다. 사무원들처럼 사회의 다른 계층들도 사회주의를 향한 이 거대한 운동에 직접적인 이해관계를 갖는다. 사회적 지위에서의 차이는 여전히 존재하게 될 것이다. 그리고 어떻게 그런 차이가 없을 수 있단 말인가? 그런 차이가 착취라는 결과를 낳지 않는 경우라면, 그것이 억압으로 귀결되지 않는 경우라면, 그러한 곳에서 그것은 실로 사회적 삶의 풍요와 관련되는 것이라 할 것이다. 계급의 차이는 철폐되어야 한다. 개인적 차이, 직업 및 직업 지위와 관련된 활동에서의 차이, 그것은 매우 오랫동안 지속될 것이다.

지금까지 전개한 것을 요약해야 한다면, 나는 사회주의를 다음과 같이 규정하고자 한다.

사회주의는 현대 자본주의 사회에서 자신의 계급 상황과 그 계급의 과업에 대한 인식에 도달한 노동자들의 사회적 요구와 자연스러운 노력의 총체이다.

이러한 계급의 노력과 과업을 이해하는 데는 과거의 표상이나 유토피아적 구상이 결코 필요하지 않다. 누구라도 원하는 대로 미래 사회를 멋지게 그려낼 수 있으며, 그것은 그의 상상에 자유롭게 맡겨져 있다. 그러나 운동 자체는 그것의 힘과 목적을 사회적 삶의 현실적 기초에서, 운동의 중심을 이루는 계급의 현실적 필요에서 끌어낸다. 필요라는 기초에서 그들은 자신들의 요구를 구성한다. 그리고 반복하지만, 이 요구의 총체——원하는 어떤 사회주의 정당의 강령이라도 읽어보기를 바란다——, *이 요구의 정신적 총체, 사상적 내용이 사회주의이다.* 사회주의는 합목적적인 집산적 경제 Kollektivwirtschaft이며 궁극적으로 사회 유기체의 모든 구성원의 연대성이 더욱더 실현되는 것으로, 사회적 결속의 실현으로 나아간다.

그것은 물론, 이미 간단히 언급한 것처럼, 시간이 걸리는 과정이다. 그러나 그것은 〔이미〕 *일어나고 있는* 과정이다. 그리고 우리의 혁명이 가져온 커다란 혜택은 내가 볼 때, 그 혁명이 독일에서 두 개의 권력, 즉 군주제와 그것의 주위에 연결되어 있는 것과 함께 군국주의를 제거했다는 점, 그리고 국민에게 완전한 민주주의를 가져왔다는 점에 있다. 이 거대한 혜택은 과소평가되고 있다. 만일 우리가, 마르크스가 《자본론》의 마지막 부분에 쓴 구절에서, 그것을 글자 그대로 해석해 사회주의의 변혁은 짧은 기간 내에 성취될 수 있는 것이라는 결론을 이끌어낸다면, 이것은 그 구절에 대한 완전히 성숙되지 못한 해석이다. 아니다, 사회주의의 변혁은 수년, 수십년이 걸린다. 그러나 구조책이 거기에 있다. 즉 프롤레타리아 계급, 그리고 그와 유사한 위치에 있는 계급들이라는 커다란 무기가 거기에 있다. 다음번 선거에서 이들이 당장 다수를 이루지 못한다고 할지라도 우리가 완전히 절망에 빠지는 것은 아니다. 여전히 사회의 가장 거대한 계급의 손에 민주적 선거권이 남아 있을 것이며, 이들의 계급 상황에서 생겨나는 부단한 전진의 동력이 지속될 것이다. 이 모든 것은 추동력으로 지속될 것이며, 필연적으로 노동자 계급이 필요로 하는 개혁을 강요하게 될 것이다. 한 번에 이러한 일을 실현시키기에는 우리 사회는——우리 사회를 한번 보기 바란다. 대도시와 다른 도시들을 두루 돌아보고 농촌 지역의 상황을 연구해보기 바란다——, 현재의 우리 사회는 너무도 다양하다. 오늘날의 사회는 살아 있는 유기체이지, 우리가 언제라도 손쉽게 변화시킬 수 있는 죽어 있는 메커니즘이 아니다.

다시 한번 말하지만, 나는 많은 이들을 사로잡는 조급함을 이해한다. 그러나 나는 덧붙여야만 하겠다. 나는 그들과 견해를 같이하지 않는다. 그런데 그것이 내가 만족하고 있거나 평온함을 동경하고 있기 때문은 아니다. 그것은 내가, 위대한 것이 성취되었으며, 그리하여 노동자 계급은 그 자신을 위해 무기를 갖게 되었다는 것을 확신하기 때문이다. 그 무기는, 고대의 위대한 물리학자 아르키메데스가 "내가 확고히 서 있을 자리를 달라. 그러면 나는 세계를 경첩에서 들어 올릴 것이다"라고 말했을 때 그가 염두에 두었던 것과 비견될 수 있는 무기이다. 〔오늘날의〕 노동자 계급은 이렇게 말할 것이다. "내게 보통-평등 선거권을 달라. 그러면 해방의 근본 조건으로 사회적 원리가 성취될 것이다." 여기서 반복할 필요가 없는 어떤 말들 때문에 사람들이 나를 〔비난했던〕[52] 20년 전에 내가 쓴 구절이 있다. 그 구절을 여기서 반복해도 될 것이다. 나는 거기에서 이렇게 말했다.

"내 견해의 최종 결과는 이것이다. 즉 사회주의는 커다란 정치적 결전의 결과가 아니라, 그것이 영향을 미치는 다양한 영역에서 노동 운동이 거둔 전체적인 경제적-정치적 승리의 결과로 온다. 노동자의 억압, 빈곤, 퇴락이 거대하게 증가한 결과가 아니라 노동자들의 사회적 영향력이 증가한 결과로, 그리고 그들에 의해 쟁취된 경제적, 정치적, 전체 사회적, 윤리적 성격의 상대적인 개선의 결과로 온다. 나는 사회주의 사회가 카오스에서 생겨난다고 보지 않는다. 대신 사회주의 사회는 자유 경제 영역에서의 노동자의 조직적 창조물과, 국가와 지방 자치 단체에서 이루어지는 투쟁적인 민주주의의 창조물과 획득물이 결합됨으로써 온다고 생각한다. 온갖 급변과 반동 세력들의 온갖 교묘한 기도에도 불구하고 이를 넘어 계급 투쟁 자체가 점점 더 문명화된 형태를 갖게 되는 것을 나는 본다. 그리고 계급 투쟁, 노동자의 정치적, 경제적 투쟁의 이 문명화에서 나는 사회주의 실현을 위한 최선의 보증을 발견한다."

나는 이것을 1899년에 썼는데, 이는 오늘날 내 확신이기도 하다. 오늘날에는 과거보다 더 강한 확신이 되었다. 우리가 노동자의 요구를 점진적으로Schritt für Schritt, 오늘날은 과거보다 방해물이 적기 때문에 전보다 더 신속하게, 그러나 유기적으로 실현시키게 될 것이라는 인식을 갖기를, 나는 노동자 중에서 조급해하는 이들에게 호소한다. 우리는 민주주의를, 라살이 노동자에게 *그것이 여러분의 사회적 원리soziales Prinzip*라고 호소한 그 권리Recht를 쟁취했다. 여러분이 이 권리의 창조적 힘에 대한 믿음을 가진다면, 그것은, 현대의 고도로 발전된 국민 경제의 섬세한 조직에 불시에 일어나는 온갖 야만적인 개입보다 더욱 확실하게 사회적 해방으로 여러분을 이끌 것이다.

그리하여 나는 내 설명이, 사회주의를 아직 알지 못하는 사람들, 또 편견을 가지고 사회주의를 대했던 사람들을 사회주의 진영으로 넘어오게 하지는 못했을지라도, 적어도 설득시켰기를 희망한다. 그리고 나는 사회주의가 위대한 문화적 운동이기를, 끊임없이 지속되는 운동이기를, 그 운동이 거대한 정당으로 결집되고 노동자들 사이에서 사회적 계몽을 확산시키고, 국민 경제의 필요에 대한 이해를 일깨우고, 사회가 사회주의적 진보의 도정에서 더욱 전진하기 위해서는 반드시 파악해야만 하는 수단의 성질에 대한 이해를 일깨움으로써 전체를 위한 최선의 것을 낳도록 영향을 미치는 그런 운동이기를 희망한다. 그러한 운동이 없다면 오늘날 우리는 단지 혁명만을 갖는 게 아닐 것이다. 그러한 운동이 없다면 오늘날 우리는 모든 공포를 수반한 무정부 상태를 갖게 될 것이다. 그러나 우리는 희망을 가져도 좋다. 이미 위대한 것을 성취한 혁명이 유기적 진보의 도정을 더욱 완수할 것이라고, 그리하여 억압받는 이들과 곤궁한 이들이 이익을 얻게 되고, 전체의, 계급 폐지 위에 기초한 연대라는 근본 원리가 실현되는 사회를 향해, 이미 성취된 것이 더욱 확대되는 것에 대해 살아 있는 이해관계와 뜨거운 감정을 지니는 모든 이가 만족하게 될 것이라고.

베른슈타인과 현대

1. 왜 베른슈타인을 논하는가

오늘날 가장 광범위하게 논의되고 있는 현상은 세계화이고, 이 세계화의 이념적 지주로 이른바 신자유주의가 지배적인 지위를 차지하고 있다. 그러나 세계화의 그늘은 더욱 짙어지고 있다. 이렇듯 신자유주의가 득세하게 된 것은 이념 자체가 지닌 진리나 보편성과는 무관한 것 같다. 신자유주의의 '승리' 역시 사회주의의 역사적 패배에 편승한 일시적 현상에 불과할지 모른다. 이미 그러한 신자유주의의 일회적 성격은 경제 위기의 징후와 많은 국민들이 겪는 고통 속에서 감지되고 있다. 진정 정신적인 위기의 시대이다. 좀 더 폭넓은 역사적 시각을 가져야 할 때라고 생각한다. 좀 더 장기적인 발전 전망을 지닌 경제-사회 공동체의 건설과 이를 이끌어주는 이념에 대해 다시금 근본적으로 숙고해야 할 시점이다.

이러한 위기의 시대에 베른슈타인과 그의 사회주의는 대안적 경제-사회 이념을 성찰하고 모색하는 데 귀중한 도움이 되리라고 생각한다. 물론 오늘날의 현실 사회주의 또한 쇠퇴와 위기라는 말로 묘사될 수 있고, 베른슈타인은 사회주의자의 한 사람이지만, 그는 오늘날 위기에 처한 사회주의를 넘어서 사회주의의 의미와 가능성을 다시 발견하게 하는 지적 원천이 될 수 있을 것이다.

오늘날 자본주의를 넘어서는 시도를 다시금 추구하기 위해서 우선적으로 필요한 것 가운데 하나는, 기존 사회주의 구상의 독단론적인 형태──한편으로 현실과 유리된 구소련 중심의 국가사회주의적 구상과, 다른 한편으로 개혁 전망을 상실한 채 패배주의적인 상황 적응에 자족했던 서유럽의 '선거사회주의'──에서 해방되는 것이다. 이러한 의미에서 베른슈타인의 '고전적' 사회주의 구상은 오늘날의 세계화 시대에 특별한 의미를 지니는 것으로 복원될 필요가 있다. 왜냐하면, 제2인터내셔널을 지배한 결정론적이고 독단론적인 사회주의 구상에 반발한 최초의──비록 결정적인 것은 아니라 할지라도──시도였기 때문이다.

베른슈타인의 수정주의는, 제2인터내셔널의 결정론적 구상에 반발하여 행동과 실천, 독단에서 해방된 '개방적 태도'를 옹호했다. 물론 베른슈타인이 옹호한 실천이 혁명적 실천이라기보다는 자본주의 내에서의 개혁적 실천인 것은 사실이다. 그러나 그는 당시의 자본주의 현실에 결코 자족하지 않았으며, 끊임없이 개혁을 위해 헌신했고, 개혁 가능성을 끝까지 신뢰했다. 베른슈타인의 수정주의에 표현된 사회주의적 가치에 대한 헌신과 행동주의적 신념, 비판적 정신은, 오늘날의 사회주의가 처한 난국을 헤쳐나가는 데 유용한 자원이 될 수 있을 것이다. 베른슈타인의 수정주의의 의의는 단지 붕괴 이론 등 몇몇 이론을 수정하는 데 그치는 것이 아니다. 그것은, 당시 세계 사회주의 운동과 마르크스주의에서 지배적이었던, 실천이 결여된 이론을, 새로운 실천으로 이끄는 패러다임으로 대체하고자 했다는 데 있다.

흔히 수정주의의 아버지라 일컬어지는 베른슈타인은, 기존의 사회주의자들 사이에 널리 퍼져 있는 형식적인 사회주의 규정, 자본주의 발전 진로에 대한 숙명론적 관념, 기존 이론의 과학성에 대한 맹목적인 추종을 끊임없이 비판했으며, 사회주의를 실현하기 위한 방법을 독단이 아니라 실제 현실의 발전에서, 장밋빛 전망과 예언이 아니라 나날의 살아 있는 투쟁에서 찾고자 했다. 베른슈타인의 비판의 대상으로서는 마르크스와 엥겔스도 예외가 아니었다. 그만큼 베른슈타인의 관점은 비판적 정신으로 충일한 것이었다. 그는 이러한 맥락에서 자신의 사회주의를 '비판적 사회주의kritischer Sozialismus'라 부르기를 원한다. 베른슈타인의 많은 저작들에는, 민주주의적 가치와 민주주의적 변혁에 대한 일관된 믿음을 기초로 한, 사회주의 목표와 사회주의에 이르는 방법에 대한 재성찰, 사회주의의 과학성에 대한 재성찰이 담겨 있다. 이와 같이 다양하지만 서로 연관되어 있는 주제들에 대한 베른슈타인의 반성적 성찰 아래에는 이론의 비편견과 비독단에 대한 신념이 일관되게 흐르고 있다. 사회주의적 가치와 사회주의 이론에 대한 이러한 베른슈타인의 근본적 관점은, 현재 사회주의와 관련해 만연해 있는 형식적이고 독단론적인 관념과 허무주의적이고 회의주의적인 태도를 극복하는 데 귀중한 도움을 줄 수 있을 것이라고 생각한다.

2. 베른슈타인의 생애

베른슈타인은 1850년 1월 6일 베를린에서 태어났다. 그의 가정은 보잘것없었다. 그의 아버지는 배관공이었으며, 후에 철도 기관사가 되었다. 더욱이 그는 열다섯 명의 자녀 가운데 일곱째였는데, 후에 우울한 어조로 "그것이 부친이 지녔던 유일한 부富였다"고 말했다고 한다.[53] 이렇듯 그의 출생과 성장 환경은 처음부터 노동자적인 것이었으며, 실상 그 자신도 수년간 은행원으로 일했다. 이러한 상황에 당시의 억압적 사회 분위기에 대한 반감, 당시 사회주의자들에 대한 호감 등이 작용해, 베른슈타인은 1872년 2월에 당시 라살주의자와 함께 독일 사회주의 운동을 이끌었던 또 다른 그룹인 아이제나허Eisenacher에 가입하게 된다. 그는 스물두 살에 사회주의자가 된 것이다.[54]

그러나 베른슈타인이 사회주의자가 되던 당시의 독일 사회주의 운동의 상황과 마찬가지로 그 역시 마르크스주의자는 아니었다. 당시의 진보적 지식인들에게 마르크스의 이름은 잘 알려져 있었지만, 마르크스만이 유일하고 절대적인 권위를 지닌 것은 아니었다. 라살과 뒤링 같은 이들이 마르크스와 더불어 강력한 영향을 미쳤던 것이 사실이다. 실제로 당시 베른슈타인은 뒤링과 마르크스를 동렬에 놓고 평가하고 있다.[55] 또한 라살이 베른슈타인에게 미친 영향은 더욱 지속적이었다고 볼 수 있다. 베른슈타인은 여러 저작에서 지속적으로 보통선거권과 민주주의에 관한 라살의 견해를 언급하고 아울러 독일 노동 운동에 미친 그의 공적을 인정하고 있다.

은행원으로 근무하는 한편 사회민주당의 당원으로 활동하고 있던 1878년 여름에, 베른슈타인은 스위스의 부유한 젊은 사회주의자이자 학자였던 회히베르크Karl Höchberg에게서 비서로 일하지 않겠느냐는 권유를 받게 되고, 그는 이 제안을 받아들여 취리히로 가게 된다. 이후 회히베르크는, 독일에서 사회민주당이 탄압받고 있을 때 사회주의 간행물을 발간하는 일 등을 통해 사회주의의 가치를 전파하는 데 재정적으로 많은 도움을 주게 된다. 베른슈타인 자신의 평가에 따르면, 회히베르크는 철학적으로는 형이상학자였고, 정치적으로는 윤리적 사회주의자였다.[56] 베른슈타인은 회히베르크와 관점상의 차이는 있었지만, 서로 친밀한 관계가 지속되었다고 회상한다. 여하튼 이 시기에 베른슈타인은 마르크스주의자가 된다. 베른슈타인이 마르크스주의자가 된 계기는 무엇이었던가? 상세한 배경은 알 수 없지만, 가장 결정적인 계기 중의 하나가 1897년에 엥겔스의《반뒤링론》을 읽은 것이었음은 분명하다. 베른슈타인은 자신이《반뒤링론》을 읽던 당시의 상황을 이렇게 회상한다.

> 거기서 나는 특히, 엥겔스가 뒤링을 비판한 부분을 함께 읽었으며, 이를 통해 뒤링이 마르크스-엥겔스의 역사관과 사회관을 얼마나 근본적으로 잘못 제시했는지를 알게 되었다. 마르크스-엥겔스의 역사관과 사회관은 내가 보기에 근본적인 모든 점에서 전혀 반박의 여지가 없는 것이었으며, 그리하여 그것이 내 사회주의적 신조가 되었다.[57]

취리히 체류 시기에 베른슈타인은 마르크스주의자로서 당시의 가장 중요한 사회주의자들과 만나게 된다. 즉 베른슈타인은 이 시기에 카우츠키나 베벨August Bebel과 같은, 향후 독일 및 세계 사회주의 운동에 커다란 영향력을 행사하게 될 인물들과 지속적으로 친교를 맺게 된다. 베른슈타인은 이때 카우츠키와 자신 사이에 자연스럽게 업무가 분담되었다고 지적한다. 즉 카우츠키는《새로운 시대》[58]를 중심으로 좀 더 이론적인 문제에 집중하고, 자신은《조치알데모크라트 *Sozialdemokrat*》[59]를 중심으로 좀 더 실천적인 문제에 관해 글을 쓰는 상호 보완적 분담이 이루어졌다는 것이다.[60] 이러한 '업무 분담'은 이후 1891년 독일 사회민주당의 에르푸르트 강령의 작성에서 카우츠키가 앞의 이론 부분을 담당하고 베른슈타인이 후반부의 실천 강령 부분을 담당한 배경을 이해하게 한다. 또한 베른슈타인은 1880년 12월에 베벨과 함께 런던의 마르크스와 엥겔스를 방문하게 되며, 이때부터 엥겔스와 지속적으로 교류하기 시작했다. 1881년 베른슈타인은 《조치알데모크라트》의 편집장이 되며, '사적 소유권', '임금 철칙', '자본주의 경제' 등 다양한 주제에 관해 많은 글을 쓰며 왕성한 활동을 하게 된다.

이 시기의 베른슈타인의 관점은 카우츠키 등을 중심으로 한 당시의 이른바 '정통파'의 관점과 유사하게 보인다. 즉 당시의 경제 위기를 배경으로 베른슈타인은 자본주의의 경제적 붕괴를 확신하는 관점을 강하게 표명한다. 이러한 과격한 관점과 활발한 활동은, 베른슈타인 자신에 따르면 "권력자의 지독한 미움"[61]을 받게 된다. 그리하여 그는 프로이센 정부의 사주를 받은 스위스 정부에 의해 1888년 5월 추방되어 런던으로 이주하게 된다. 그는 1901년 1월 체포 영장이 기각되어 독일로 돌아올 때까지 영국에서 주로 글을 쓰며 생활하게 된다.

베른슈타인이 이른바 '수정주의 논쟁'을 촉발시킨 논문 〈사회주의의 여러 문제Probleme des Sozialismus〉 시리즈를《새로운 시대》에 기고한 것은 1896년에서 1898년까지였으며, 그의 주저《사회주의의 전제와 사회민주주의의 과제》를 출간한 것은 1899년이었으니, 일단 외면적으로 판단하자면, 그의 수정주의적 선회는 영국 체류 기간 중에 일어난 것으로 보인다.

여기서 우리의 관심을 끄는 문제는, 베른슈타인이 수정주의자가 된 시점은 언제인가, 그리고 그가 수정주의자가 된 배경으로서 영국의 영향을 어느 정도로 평가해야 할 것인가 하는 점이다. 이 문제들에 관해 간단히 답변을 제시한다면 이렇다. 우선 베른슈타인이 '명백히' 수정주의적인 글을 공표한 것은 위에서 말했듯이 1896년이라고 할 수 있지만, 그는 이미 이전부터 기존의 학설을 회의하고 있었다. 베른슈타인은 1892~1893년경 기존의 마르크스 학설을 비판하는 어떤 이들을 다시 반박하고자 시도하던 중, 오히려 자신에게서 기존의 학설에 대한 의혹이 일어났다고 스스로 인정하고 있다.[62] 또한 이미 폰 폴마르Georg von Vollmar 등에 의해 1890년대 초 독일 사회민주당 내에서 확산되기 시작했던 개량주의-수정주의적 관점, 1894년의 농업 논쟁 등이 베른슈타인에게 영향을 미쳤다고 볼 수 있다.

다음으로 두 번째 문제를 간단히 살펴보자. 베른슈타인의 수정주의 형성에 영국이 미친 영향은 어느 정도였는가? 우선 베른슈타인 자신은 영국의 페이비언주의 등이 자신의 수정주의에 직접적으로 영향을 미쳤다는 것을 부정한다.

> 그것은 나의 사회주의적 사고에 아주 적은 영향을 미쳤을 뿐이다. 내가 영국의 페이비언주의라는 본보기를 통해 수정주의에 이르게 되었다는 자주 이야기되는 견해를 예로 들면, 그것은 완전히 틀린 것이다.[63]

결국 베른슈타인은 자신의 수정주의에 결정적 영향을 미친 것은 그 밖의 다른 어떤 이론이 아니라, 자본주의의 〔변화된〕 사실이라고 강조한다.

> 나의 사회주의적 사유에 결정적인 영향력을 행사한 것은 교의의 비판이 아니라, 사실과 관련된 가정의 수정이었다.[64]

이 마지막 문장은 옳다. 즉 베른슈타인에게 가장 큰 영향을 준 것은 자본주의의 발전과 관련된 변화된 사실 자체였을 것이다. 그러나 그렇다고 해서, 베른슈타인 자신의 평가처럼 영국의 영향 정도를 과소평가하는 것 또한 잘못된 것이라 생각한다. 베른슈타인의 수정주의와 영국의 페이비언주의 사이에는 더 많은 친화성이 있다. 물론 페이비언주의가 베른슈타인이 행한 마르크스주의의 '수정' 자체에는 별 영향을 미치지 못한 것이 사실이라고 할지라도, 페이비언주의가 그러한 '수정'을 고무시킨 환경으로 작용했다는 주장은 지나치지 않다.

여하튼 베른슈타인이 촉발시킨 수정주의 논쟁은 1903년 드레스덴 당대회에서 수정주의가 공식적으로 패퇴하는 것으로 끝이 났다. 그러나 그 패퇴는 선언적인 것일 뿐이었다. 수정주의적-개량주의적 흐름의 실질적 영향력은 더 강력한 것으로 지속되어, 향후 사회민주당의 지배적 조류가 된다.

격렬하고 지루했던 수정주의 논쟁 이후, 베른슈타인은 이론 문제보다는, 당시 독일 노동 운동이 직면한 국내적-국제적 문제에 더 관심을 쏟게 된다. 그는 과거보다 글을 더 많이 썼지만 주된 대상은 좀 더 실제적인 문제였다. 또한 그는 1902년부터 1928년까지 제국 의회의 독일 사회민주당 대의원으로 활동했으며, 노동조합 학교 등에서 학생들을 가르치기도 했다.[65] 당시 베른슈타인이 가장 관심을 기울인 문제 가운데 하나는, 당시의 시대적 위기와 관련된 것으로 식민주의-제국주의와 평화의 문제였다고 할 수 있다. 그는 전쟁이 다가오면서 점차 급진파와 유사한 관점을 옹호했다. 전쟁과 위기의 시대에 그는 대체로 전쟁을 반대하고 평화를 옹호했다. 그는 애국자이자, 서구 문명 옹호자였지만, 독일의 팽창적 제국주의와 야만적 식민주의에 반대했고, 각 민족들 간에 자유로운 교통이 이루어지는 평화로운 세계 체제를 원했다.

세월이 흘러 국수주의가 지배적이 된 상황에서 베른슈타

인이 사회민주당 내에서, 그리고 실제 독일 정치에서 영향력을 행사하는 것은 더욱 어려워졌다. 만년에 그는 대학에서 강의하면서 주로 후진 양성에 힘을 쏟았다. 그는 1932년 12월 18일에 여든두 살을 일기로 타계했다.[66]

3. 베른슈타인의 수정주의

익히 알다시피 '개량주의'와 '수정주의'는 완전히 동일한 개념은 아니다. 개량주의는 자본주의 체제 내에서의 점진적인 개혁을 옹호하는 실천적인 조류임에 반하여, 수정주의는 그러한 개량주의적 지향을 마르크스주의를 '수정한다'는 이론적인 관심 속에 융합시킨, 좀 더 이론적인 표현이다. 단적으로 말한다면 개량주의는 경험적이고 수정주의는 이론적이다. 그러나 개량주의는 현존 사회 국가 체제 내에서의 개혁 가능성을 신뢰하고 사회 개혁을 위한 점진적 방법을 옹호한다는 점에서 베른슈타인과 '동일한' 기본 정향을 공유하고 있다고 할 수 있다.

개량주의적 조류는 1890년대의 경제적 부흥, 의회주의적 실천의 지속적인 성공 등에 힘입어 당시 유럽 각국에서 빠르게 영향력을 확대하고 있었다. 국제 사회주의 운동에서 개량주의 논쟁을 촉발시킨 유명한 계기는, 프랑스의 지도적 사회주의자의 한 사람이었던 밀랑Alexandre Millerand이 당시 집권 '부르주아' 정부였던 발데크 루소Waldeck-Rousseau 내각에 참여할 것을 권유받고 이에 응한 사건── 이른바 '밀랑 사건'──이었다.

그러나 개량주의적 관점에서 마르크스주의 이론의 본격적인 수정 문제를 제기한 사람은 바로 베른슈타인이었다. 즉 앞서 말했듯이 베른슈타인은 1886년에서 1889년 사이에 당시 카우츠키가 편집하고 있던《새로운 시대》에 〈사회주의의 여러 문제〉라는 시리즈를 통해 일련의 수정주의적인 글들을 발표하게 되었고, 이는 광범위한 논쟁을 불러일으켰다. 베른슈타인을 비판하는 데 참여한 사람들만 해도 영국의 사회주의자인 박스, 독일 좌파 사회주의자인 파르부스Parvus[67], 카우츠키, 플레하노프, 로자 룩셈부르크Rosa Luxemburg 등 당대 주요 사회주의자들이 망라돼 있었다. 그만큼 베른슈타인의 글이 제기한 충격과 도발적인 함의는 컸다.

익히 알다시피, 베른슈타인은 자신이 쓴 일련의 글에서, 자본주의가 경제 위기의 심화를 근거로 결국 붕괴하게 될 것이라는, 카우츠키를 필두로 하는 당시의 '정통' 견해를 배격했다. 대신 베른슈타인이 제시한 관점은 일종의 '사회주의로의 점진적 성장Hineinwachsen in den Sozialismus'이었다. 중간 계층은 일거에 무너지지 않으며, 사회의 양극화 가정은 잘못된 것이다. 위기가 심화되면서 자본주의가 붕괴할 것이라는 가정 역시 잘못된 것이다. 반대로 자본주의는 개혁 가능성을 보유하고 있다. 보통선거권의 확대를 통한 정치적 민주화, 그리고 입법 과정을 통한 민주주의의 확대 과정은, 자본주의 사회를 점진적으로 '사회주의적인' 상태로 이끌어갈 것이다. 이상이 베른슈타인의 '점진적 성장론'의 개요라고 할 수 있다.

또한 베른슈타인이 보기에 '사회주의'는 생산 수단의 사회화와 같은 기존의 정통 마르크스주의적 지표로 환원되는 것이 아니다. 그의 견해에 따르면 사회주의는 사회의 '연대 상태'를 실현하는 것으로 인식되며, 이러한 상태는 바로 확산된 민주주의의 상태와 동일하다. 그리하여 '민주사회주의적 개혁 정당'의 과제는 이러한 민주주의의 확산을 위하여 끊임없이 작은 일상의 개혁을 실천하는 것이 된다. 자본주의의 붕괴나 사회주의의 필연성에 관한, 기존의 마르크스주의적인 '최종 목적' 논리는, 오히려 현실의 발전 상황을 왜곡하고 개혁 정치의 가능성을 축소시키는 잘못된 규정이다. 이러한 의미에서 개혁주의적인 '운동'이 모든 것이다. 베른슈타인은 이렇게 말한다.

이 목적(즉 사회주의의 최종 목적)은 그것이 무엇이든 간에 나에게는 아무것도 아니다. 운동만이 모든 것이다.68

베른슈타인의 수정주의는, '자본주의의 붕괴'나 '국유화'

같은 추상적인 규정에 안주한 채 자본주의의 발전에 따르는 여러 변화를 인식하지 못하고, 개혁주의적 실천의 구체적 과제를 대중에게 제시하지 못했던 당시 정통파 마르크스주의에 대한 가차없는 비판이며 질타였다. 물론 베른슈타인 자신의 한계도 명백히 있었다. 그에게는 정통파 마르크스주의를 비판하면서 반대의 극단으로 나아간 측면이 있다. 즉 그는 자본주의의 개혁 가능성을 지나치게 신뢰했고, 노동 계급과 중간 계급의 동맹 가능성을 지나치게 긍정적으로 평가했다.

베른슈타인 자신은 스스로를 '반마르크스주의자'라 부르는 것을 거부했다. 베른슈타인 자신이 이해한 마르크스주의의 본질적 측면은 대체로 다음의 요소를 포함하는 것이다. 즉 자본주의의 불완전성에 대한 확신, 사회주의에 대한 믿음, 사회주의를 향한 역사적 진보에 대한 신념 등이 그것이다. 따라서 역설적으로 이렇게 이해한 마르크스주의의 본질적 측면을 지속적으로 지지하고 사회주의를 실현하기 위한 행동을 지속적으로 행하기 위해서는, 마르크스주의 내에 함유된 독단적인 특정 명제나 가정에서 해방되어야 한다는 것, 이것이 그가 마르크스주의 이론을 '수정'하면서도 동시에 스스로를 '마르크스주의자'라고 부른 이유라고 할 수 있다. 그리고 이것이야말로 베른슈타인의 수정주의가 지닌 참다운 정신이자 면모일 것이다.

이러한 베른슈타인의 수정주의의 핵심적 정신은 곧 자본

주의의 변화된 현실을 철저히 파악하면서도, 동시에 자본주의의 모순과 독단적 이론에 대해 비판의 칼을 놓지 않는 비판적 정신이다. 오늘날 전쟁의 공포와 불평등한 현실이 많은 이들의 삶을 위협하고 파괴하고 있지만 대안을 향한 전망이 여전히 불투명한 상황에서, 이러한 베른슈타인의 고전적 수정주의의 핵심 정신이 재조명되고 부활되기를 희망한다. 연대성을 향한 부단한 운동으로서 사회주의의 이상은 인류를 야만에서 구제할 이념으로서 여전히 우리 곁에 살아 있으며, 우리를 사회주의 본래의 이상으로 인도해줄 몇몇 위대한 사상가 중 하나로 베른슈타인은 우리 곁에 있다.

 이 책은 사회주의와 관련된 베른슈타인의 중요한 논문 세 편을 옮긴 것이다. 이 논문들은 원래 내가 학위 논문을 쓰면서 읽었던 여러 글 가운데 한 부분이었다. 나는 당시에 이 글들이 베른슈타인의 수정주의, 특히 수정주의적 사회주의의 본질적 측면을 명쾌하게 전달해준다고 느꼈다.

 이 책에 수록된 베른슈타인의 글들은 마르크스-엥겔스 사후 19세기 말에서 20세기 초 독일 사회민주당(SPD)을 중심으로 벌어진 치열한 사상 논쟁 중에 태어나고 발전한 것이다.

 우리나라에서 특히 1980년대에서 1990년대에 베른슈타인은 자본주의의 변혁과 혁명적 사회주의를 부정하고 계급 타협과 복지 자본주의를 옹호한 '개량주의' 또는 '우익 기회주의'의 원조로 흔히 비판받아왔다. 그러나 베른슈타인이 마르크스주의를 '수정'하고 자본주의 붕괴론을 거부하면서도 노동자계급의 궁극적인 해방과 사회주의의 실현이라는 이상을 포기한 적은 없었다. 자본주의의 점진적 개혁을 옹호했지만, 자본주의의 변화된 적응력과 경제적 메카니즘에 대해 날카롭게 분석했으며, 현실과 유리된 독단론적 마르크스주의자들에 대해서 가차 없는 비판을 가했다. 이런 의미에서 나는 베른슈타인의 글들을 향후 마르크스주의 '수정'의 역사에서 좀 더 개혁적이고 비판적인 정신으로 가득 차 있던 '고전적 수정주의' 또는 '고전적 사회민주주의'라 칭하고자 했다.

실로 이 책에 실린 베른슈타인의 논문들은 그의 사상을 이해하는 데 필수적인 글들이며, 사회주의 이론의 역사에서도 중요한 의미를 지니는 글들이라고 할 수 있다. 따라서 이 글들을 번역하고 소개하는 것은 사회주의의 역사와 사회민주주의에 관심을 가지고 베른슈타인을 연구했던 사람이 수행해야 할 책무라고 생각했다.

번역은 긴 시간과 많은 노고를 요구하는 작업이다. 핵심 내용을 이해하거나 요약하는 것과 하나하나의 문장을 우리말로 정확하게 옮기는 것은 전혀 다른 문제라는 사실을 절감했다. 한 단락, 한 문장, 심지어 한 단어를 옮기기 위해 하루나 이틀을 소비하고 다른 사람의 조언을 구한 일도 여러 번 있었다. 그러한 과정을 거쳐야 했기에, 길지 않은 분량임에도 이 책을 번역하는 데 상당한 인내와 시간이 필요했다. 번역상의 큰 오류는 없을 것이라고 말할 수 있다. 그만큼 이 번역 작업에 정성을 기울였다. 물론 혹시 있을 번역의 어떤 오류도 전적으로 나의 불민한 탓임은 명백하다.

번역을 마치며 특히 두 분에게 고마움을 전하고 싶다. 서강대학교 김경미 박사는 번역이 막히는 부분에서 조언을 구할 때마다 언제나 한결같은 성실함으로 명쾌한 해답을 주었다. 간혹 번역해야 할 일부 구절의 해명을 위해서 독일에 있는 동료 만프레드 슈베르트Manfred Schubert에게 재차 문의하는 수고까지 아끼지 않았다. 나는 그를 만나보지 못했고 단지 음악가 슈베르트Franz Schubert라는 이름이 친숙할 뿐이지만, 그에게도 고마운 마음이 전달되었으면 한다. 그의 도움이 없었다면 독일어 사전에도 나와 있지 않은 거의 100여 년 전의 베를린 지방 방언의 번역을 달리 어떻게 해결할 수 있었겠는가? 이들에게 진정 감사한다. 이들의 도움으로 이 작업을 완수할 수 있었다.

아울러 베른슈타인을 접하게 해주시고 사회주의의 거대한 역사를 이해하는 것이 중요한 일임을 강조해주신 서강대학교 박호성 선생님께 감사드리고 싶다. 내가 일부나마 깨우쳐 간 학문의 올바른 방향과 자세는 전적으로 박호성 선생님께 빚진 것이다. 그리고 생활에 묻혀 한국 사회의 민주 변혁의 대안 이념과 실천적 과제 탐구에 손을 놓고 있던 나의 지적 게으름을, 글과 책과 강연들을 통해 깨우쳐주신 서강대학교 손호철 선생님께도 감사드리고 싶다. 또한 한국 사회에서 불모지나 다름없던 '사회민주주의' 이념과 정책대안을 확산하기 위해 2000년부터 함께 동고동락 분투했던 고(故) 정태

영 선생님, 유팔무, 윤도현, 정태석, 최재한 선생님을 비롯한 한국사회민주주의연구회의 여러 선생님과 동료들에게도 고마움을 전하고 싶다. 그때의 시간은 동료애와 열정으로 가득했던 기억으로 남아 있다.

그리고 박헌영의 아들로 수많은 고초를 겪고 파란만장한 삶을 살며 진실을 복원하기 위해 애쓰다 홀연히 입적하신 원경 스님을 기억하고 싶다.

책의 초판을 발행한 후 어언 20여 년이 지났다. 돌이켜 보면 20여 년 전 초판을 출판하기로 했을 때도 책세상은 쉽지 않은 결정을 했을 것이다. 그리고 세월이 흐르면서 출판 상황은 더 어려워졌다. 어려운 상황인데도 이 책의 개정판을 발행하기로 결정한 책세상에 감사를 전하고 싶고, 개정판 편집을 위해 애써주신 책세상 편집부 여러분께도 감사드린다.

이 책이 척박한 한국의 현실에서도 사회주의적 가치와 역사를 다시금 돌아보게 하는 지적 자극이 되고, 실천적 대안을 위한 비판적-개방적 상상력의 원천 중 하나로 기억되기를 바란다.

주

1 (옮긴이주) 베른슈타인은 원래 다섯 편의 보론을 첨부하고 있지만, 이 논문의 중심 내용과는 깊은 연관이 없는 것으로 보여 이 책에서는 생략했다. 그러나 주석 형태의 설명은 모두 옮겨서 수록했다.

2 (옮긴이주) 엥겔스의 《반뒤링론Anti-Dühring》을 의미한다.

3 (저자주) 3판, 12~15쪽.

4 (저자주) 2판, 10쪽.

5 (저자주) 그것은 《정치경제학 비판을 위하여Zur Kritik der politischen Ökonomie》라는 저작에 나오는 다음 부분이다. "한 생산물의 교환 가치가 그에 포함된 노동 시간과 같다면 노동일 하루의 교환 가치는 그의 생산물과 같다. 또는 노동 임금은 노동의 생산물과 같아야만 한다. 그러나 실제로 그 반대인 것이 사실이다." 이 문장에 다음의 주가 덧붙여져 있다. "경제학적 측면에서 리카도David Ricardo에 맞서 제기된 이 항변에 대해서는 나중에 사회주의자 측에서 다시 관심을 가지게 되었다. 이 공식의 이론적 타당성을 전제한다면 그 이론과 모순되는 현실은 수정되고, 부르주아 사회는 그 이론적 원리에 따라 추정되는 결과를 이끌어내기 시작할 것이다. 적어도 이러한 방식으로 영국의 사회주의자들은, 교환 가치에 관한 리카도의 공식을 역용해 정치경제학을 공격했다"(1판, 40쪽).

6   (저자주) 1권 5장 2절, 4판, "노동 과정과 가치 증식 과정", 156~157쪽.

7   (옮긴이주) 마르크스의《고타 강령 비판*Kritik des Gothaer Pro-gramms*》
      을 말한다.

8   (저자주) 그들이 볼 때 잉여가치는 지대地代의 범주에 해당한다. 즉
      잉여가치는 하위 분류 속에서 매번 전체 지대——재산, 파문권, 특
      권 등에 기인하는 모든 소득을 포괄하는——의 다양한 특정 형태들
      중 하나를 이룬다. 이러한 사유 방식 속에서는 틀림없이, 자본가 및
      독점권 소유자들의 잉여가치 취득을 위한 투쟁에서 마르크스의 잉
      여가치설의 기초 위에서 도달하는 것과 완전히 동일한 주요 관점
      에 도달하게 된다. 따라서 문제는, 마르크스의 잉여가치설이 옳고
      저들이 오류인가의 여부는 아니다. 그것은 근본적으로 동일한 하나
      의 근본 사유에서 두 개의 서로 다른 송류가 발전된 것일 뿐이기 때
      문이다. 오히려 문제는 이들 중 어느 것이 좀 더 중대한 통일성과 개
      념적 엄밀성이라는 장점을 지녔는가이다. 이 문제만이 사회 발전의
      전진 단계에서 실천을 위해 의미를 가질 수 있는 것이다.

9   (옮긴이주) 일반적으로 '임금 철칙ehernes Lohngesetz'.

10   (저자주) 알다시피 두 번째 질문에 대한 칸트의 대답은 이러하다. 즉
      과학으로서의 형이상학은 오직 순수한, 즉 경험에 선행하는, 그리고
      경험을 최초로 가능하게 하는 이성의 비판——오늘날에는 우리는
      이를 인식 비판이라고 부른다——으로써만 가능하다는 것이다. "따
      라서 비판은, 그리고 오직 비판만이, 잘 검증되고 증명된 계획을, 실
      로 과학으로서의 형이상학이 실현될 수 있는 과정의 모든 수단을 자
      체 안에 포함하고 있다. 다른 수단과 방법으로는 그러한 과학으로서
      의 형이상학은 불가능하다"(Reclam 판, 155쪽). 현재 칸트의 이성
      비판의 세부 사항들은 현대 진화론을 통해 매우 많이 수정되고 있
      다. 그럼에도 불구하고, 그러한 이성 비판의 근본 원리와 의미에 관

한 그의 주요 설명은 여전히 흔들리지 않고 확고하게 남아 있다.

11 (옮긴이주) 사상적 체제들.

12 (저자주) 이 저술의 맨 앞에 일부 인용된 논문에서 영국의 문화사가
인 토머스 버클Thomas Buckle은, 본질적으로 연역적인, 시적인 재능
이 있는 정신의 구상력으로 이루어진 일련의 획기적인 발견을 예로
들었다. 그는 이렇게 쓰고 있다. "독일의 가장 위대한 시인, 실로 가
장 위대한 시인들 중 한 사람인 괴테가 그 발견—— 식물의 변용——
을 한 것은,—— 그가 뮤즈의 자식이었기 때문이다. 그가 뮤즈의 자식
이었음에도 불구하고가 아니라." 또한 이렇게 썼다. "인간의 정신 생
활 속에는 여전히 어떤 정신적이고 시적인, 그리고 우리가 아는 한
자유 의지로 작용하는 힘이 존재한다. 그러한 힘은, 미래에 대한 돌
발적이고 갑작스러운 조망을 우리에게 열어주는 것과, 그러한 과정
에서 말하자면 미리 대담한 손으로 진실을 만져보게 하는 것을 중단
하지 않는다." 그는 "영국에서 그렇게 어리석게도 뒷전으로 밀린 연
역적 탐구 방식에 대해 말하는 것이 결코 헛된 일이 아니기를" 희망
한다. 물론 이렇게 말한다고 해서 그가 귀납적 방법을 비난하는 것
은 결코 아니다. 그는 단지 엥겔스가 《반뒤링론》 제2판의 서문에서
영국 경험론에서 전수된 "편협한 사유 방법"이라고 일컬은 것만을
비난하고 있을 뿐이다. 그러나 여기(즉 연역적 방법)에도 한계가 있
다. 이 문제에 관해서도 노老대가인 칸트는 우리의 주의를 일깨위주
는 조언자가 될 수 있으리라. "상상력이 때때로 열광에 빠지더라도,
즉 상상력이 신중하게 경험의 제약 속에 있지 않더라도, 그것은 상
상력에 있어서는 아마 용서될 수도 있는 문제일 것이다. 적어도 상
상력은 그러한 자유로운 활력에 의해 깨우쳐지고 강화되며, 또한 상
상력의 무기력을 치유하는 것보다 상상력의 대담함을 완화시키는
것이 훨씬 더 쉽기 때문이다. 그러나 사유해야만 하는 오성이 사유

하는 대신 열광에 빠진다면 그것은 결코 용서될 수 없다. 필요할 때 상상력의 열광에 한계를 부여하는 모든 수단은 오직 오성에 의존하는 것이기 때문이다"(《프롤레고메나*Prolegomena*》, 35절).

13 (저자주) 만일 우리가, 예를 들어 오언이 주된 활동을 했던 당시의 영국 노동자 계급의 지적으로나 도덕적으로 낮은 수준과 영국 정당들의 성격을 고려해본다면, 왜 오언이 정당 정치와 이에 관련된 정치적 행동을 회피했는지, 그리고 왜 모든 계층의 호의적인 부분들과 정당들에 사회 개혁의 과업에 동참할 것을 호소했는지 그 이유 또한 이해할 수 있을 것이다. 그러나 오언에게 정당 정치를 포기하는 것이 정치적 개혁이나 노동자 계급을 위한 입법 조치의 포기를 의미한 것은 결코 아니었다. 이미 마르크스와 엥겔스가 강조했듯이, 오언은 노동자보호법을 관철시키기 위해 노력한 최초의 가장 열렬한 선동가였으며, 노동자의 현실적 요구를 위한 많은 선동과 시위에 참여했다.

14 (저자주)《공장 제도의 영향에 관한 관찰*Observations on the Effect of the Manufacturing System*》. 오언은 여기서 이렇게 쓰고 있다. "지금까지 입법자들은 단지 일면적 관점에서, 공장 산업을 국부國富의 원천으로만 간주해온 것처럼 보인다. 공장 산업의 확대로 야기된 다른 거대한 결과는, 그것이 자연스러운 발전으로 이어지는 경우 어떤 입법자의 주목도 끌지 못했다. 그럼에도 불구하고, 우리가 언급하고 있는 정치적, 도덕적 영향력은 가장 위대하고 현명한 정치가들의 가장 탁월한 정신이 마땅히 고민해야 할 문제이다. 각지에서의 공장과 산업의 보편적인 확산은 그 지역 주민들에게 완전히 새로운 성격을 창출하고 있다."

15 (저자주) 톰슨William Thompson, 브레이John F. Bray, 호지스킨Thomas Hodgskin 등.

16 (옮긴이주) 푸리에의 이상 사회에서는 농업을 수행하는 가정 단위

가 중심이 되고 있다. 푸리에는 인간의 기호에 농업이 더욱 적합하다고 보았으며, 당시 프랑스에서 발전하고 있던 자본주의와 관련된 상업 문명에 비판적이었다.

17 (저자주) 이러한 관점에 따라 생시몽주의자들은 이미 일찍이 노동자들 사이에서 활발한 선전을 펼쳤다. 특히 매우 산업화된 도시인 리옹에서 그랬다. 1831년 리옹에서 일어난 대대적인 직공 봉기 직전에 생시몽주의자들의 선동이 있었으며, 이러한 조류의 대변자들은 노동자 위원회에 참여하고 있었다. 또한 노동자협동조합을 건설하려는 최초의 시도 역시 생시몽의 제자들에게서 시작되었다.

18 (저자주) 오언, 푸리에, 생시몽 자신은 아닐지라도 생시몽의 제자들 중 많은 이들에 대해서 우리는 이렇게 말할 수 있을 것이다. 즉 앞서 오언과 관련해 시사한 바 있듯이, 이들을 더 나쁜 의미에서 특히 공상주의자로 낙인찍게 한 것은, 이들이 추구한 사회주의 사회의 도래를 위해 이들이 채택한 수단의 부적절함, 즉 이러한 점에서 이들의 목표 또는 목적과 수단 사이에 설정한 잘못된 관계였다. 이것이 엥겔스가 《반뒤링론》에서 진술하고 있는 점이다. 동시에 엥겔스는 이들을 변명하기 위해 다음과 같이 적절하게 설명하고 있다. 즉 그들이 택한 수단의 불충분함은 그들 앞에 놓인 사회의 불충분한 발전 상태에 의해 규정된 것이라고 설명하는 것이다. 그러나 엥겔스가 이들과 관련해《반뒤링론》4쪽에서, 세상에 밝혀지는 진리가 언제 그리고 어디서 발견될 것인가는 역사적 발전에서 독립된 하나의 우연으로 이들이 간주했다고 말할 때는 엥겔스에게 동의할 수 없다. 이들의 역사관에 대한 잘못된 상은 이러한 일반화에 있다.

19 (옮긴이주) 베른슈타인의 과학 개념의 핵심을 전달하는 표현이다.

20 (저자주) 베이컨 자신은 국가와 사회를 포괄하는 '시민 업무civil affairs'라는 표현을 사용하는데, 이는 당시 국가학과 구별된 사회과

학이란 결코 존재할 수 없었기 때문이다.

21 (저자주) 이러한 기준도 실제에서는 매우 다양하게 해석될 수 있다
는 것이 자명하다. 그러나 분파로 퇴락하거나——당은 빈번히 분파
로 시작하기 때문에——그러한 분파적 관점을 고집하려 하지 않는
정당이라면 그러한 개념을 근본적으로 편협하게 사용하지는 않을
것이다. 즉 다양하게 사유하는 요소에 대한 대부분의 관점에서 단순
한 일괴암적 존재Agglomerat가 되기를 원하지 않는 당이라면 그 개념
을 순수한 공식으로 한정시키지 않을 것이다. 존재의 방식은 그렇게
단순하지 않다Est modus in rebus——내가 정당에 관해 말할 때는, 정당
의 존재에 대한 이해와 정상적인 존속 조건을 전제하고 있는 것이다.

22 (저자주) 정치적-보수주의적 관점에서 기초된 사회 교의도 이를테
면 매우 통일적으로 숙고된, 엄밀하게 논리적으로 축조된 학선 체
계일 수 있지만, 그럼에도 불구하고 그러한 교의는 여전히 사회학
적 과학은 아니다. 그러한 교의와 사회학적 과학의 관계는, 채식주
의적 요리책과, 맛과 영양의 생리학의 관계와 같다. 물론 그렇다고
해서 그러한 교의나 요리책의 존재가 비난받는 것은 아니다.

23 (옮긴이주) 의미 그대로를 옮기면 '명령'을 뜻한다.

24 (저자주) 예를 들어 확실히 과학이라 할 수 있는 의학도 치료라는 목
적을 갖고 있기 때문에 이러한 나의 주장은 사실이 아니라는, 모임에
서 한 연사에 의해 제기된 반론——내가 다른 곳에서도 접한 적이 있
지만——에 대해 나는 이렇게 대답해야 했고, 또 대답해야만 한다. 즉
치료는 기술, 곧 실제 활용되고 있는 의술의 목적이라는 것이다——
물론 의술은 그 전제로 의학적 지식을 근본적으로 통달하고 있어야
하지만. 그러나 의학 자체의 목적은 치료가 아니라, 치료의 조건과
수단에 대한 인식이다. 이러한 개념 구분을 전형적인 본보기로 간주
한다면, 우리는 또한 복잡한 사례의 경우에도 어디서 과학이 끝나고

기술이나 교의가 시작되는지를 손쉽게 판단할 수 있을 것이다.

25 (옮긴이주) 1846년에 프루동은《빈곤의 철학*Système des contradictions économiques, ou Philosophie de la misère*》을 썼으며, 이에 대한 마르크스의 유명한 비판이 1847년에 쓴《철학의 빈곤》이다.

26 (저자주) 1846년 5월 17일 자 편지.

27 (저자주) "비판적 공산주의——이것이 더 적합한 이름이며, 이 학설에 더 적절한 명칭은 없다."《〈공산당 선언〉을 기념하여. 유물론적 역사관에 대한 평가*In memoria del Manifesto dei Communisti. Saggi intorno alla concezione materialistica della storia. I*》(Roma, 1896). 라브리올라는, 그의 철학적 저술이 보여주고 있듯이, 철학자로서 칸트주의자라기보다는 헤겔주의자이다.

28 (옮긴이주) 'tendenzlos'를 이렇게 번역했다. 직역하면 '경향이 없는', 혹은 '경향에서 자유로운.'

29 (옮긴이주) 괴제는 16세기에 스페인 왕의 폭정에 반기를 들었던 네덜란드의 귀족 동맹을 말한다. 그러나 원래는 프랑스어에서 온 단어로서 '거지', '부랑배', '반도'라는 뜻이었다.

30 (옮긴이주) 다른 견해에 따르면, 휘그라는 명칭은 '마부'에서 온 것이라고도 한다.

31 (옮긴이주) 1898년 1월에 박스Belfort Bax에 반대해 쓴〈붕괴 이론과 식민 정책Zusammenbruchstheorie und Colonialpolitik〉을 말한다.

32 (옮긴이주) 박스를 말한다. 박스는 영국의 사회주의자, 마르크스주의자로, 당시 마르크스를 영국에 소개하고 그를 옹호하는 글을 썼다.

33 (옮긴이주) 베른슈타인의 가장 유명한 주저인《사회주의의 전제와 사회민주주의의 과제》를 말한다.

34 (옮긴이주) 우리나라에서는《사회주의의 전제와 사민당의 과제》

(강신준 옮김, 한길사, 1999)라는 책으로 번역됐다.

35 (옮긴이주) 이것은 마르크스의 사상에 대한 베른슈타인식의 해석이다. 즉 베른슈타인은 마르크스 교의의 중심 특성을 어느 정도 카우츠키적 마르크스주의와 유사한 것으로 이해하고 있다고 볼 수 있다.

36 (옮긴이주)《정치경제학 비판을 위하여》는 1858년 8월부터 1859년 1월까지의 기간에 씌어졌다.

37 (옮긴이주) 알게마이네 전기 회사와 지멘스를 가리키는 것으로 보인다.

38 (옮긴이주) 혹은 '매우 싸게', 즉 '대단한 보상 없이.'

39 (저자주) 매우 신중하게, 그러나 주의 깊은 독자들에게는 그만큼 더 인상적으로, 러시아 마르크스주의자 체례바닌Tscherewanin은 그의《프롤레타리아트와 러시아 혁명Das Proletariat und die russische Revolution》(Stuttgart, J. H. W. Dietz Nachf.)이라는 글에서 이 문제를 다루고 있다. 그러나 경제적 측면 자체는 그에게서 매우 불완전하게만 취급되고 있다.

40 (저자주) 여기 공식 통계의 관련 수치가 있다.

	1895	1907	증가/감소(%)
난쟁이 기업(1/2헥타르 미만)	1,238,190	1,352,845	+9.26
영세 기업(1/2에서 2헥타르 미만)	809,923	748,132	-7.63
소기업(2에서 5헥타르 미만)	522,780	520,914	-0.36
중기업(5에서 20헥타르 미만)	528,729	583,160	+10.29
대농민 기업(20에서 100헥타르 미만)	188,114	175,976	-6.45
대기업(100헥타르 이상)	20,390	19,117	-6.24
	330,8125	3,400,144	+2.78

이 통계에 따르면, 이 집단들 중에서 단지 가장 작은(노동자 필지 등) 기업과 중기업—— 정확하게는 소농 기업과 중농 기업—— 의 수만 증가했다. 앞서 본 통계와 같이, 1909년 3월 3일자 왕립 프로이센 통계국의 통계 서신이 전하고 있는 자세한 일람표에서는 다음과 같은 사실이 분명해진다. 즉 중기업에 이웃한 두 집단(즉 소기업과 대농민 기업) 가운데서는 중기업과 가장 가까이 있는 하위 집단이 가장 유리하게 발전했다. 다시 말해, 소기업 집단 전체는 감소를 보이고 있지만, 소기업의 최상층(4에서 5헥타르 미만)은 4.98퍼센트 증가했다. 또 전체적으로 6.45퍼센트 감소한 대농민 기업의 경우를 보면, 50에서 100헥타르 미만의 하위 집단의 감소율은 11.87퍼센트(31,252에서 27,542로 감소)이지만, 좀 더 중농에 가까운 20에서 50헥타르 미만 집단의 감소율은 단 4.31퍼센트(155,439에서 143,949로)에 불과하다.

경지 면적에 관해서 보자면, 이 중간 규모 집단들은 다음과 같은 움직임을 보여준다.

기업	총 경지 면적(1,000헥타르)		증가 또는 감소(%)
	1895	1907	
4에서 5헥타르 미만	488	517*	+5.91
5에서 10헥타르 미만	1,947	2,233	+14.70
10에서 20헥타르 미만	2,797	3,144	+12.43
20에서 50헥타르 미만	4,553	4,497	-1.25

이 표에 따르면, 모든 집단에서 기업당 경지 면적 평균이 증가했다.** 다만 우리는 다음과 같은 사실을 간과해서는 안 될 것이다. 이러한 결과는 부분적으로는 폴란드인에게 위협받던 지역에서 독일

농민을 이주시키기 위한 대농지 분할이라는 정책, 프로이센 동부 지역의 이주 정책에 영향받은 것이었다는 것이다. 또한, 가능한 한 농민 토지를 창출하고자 했던 폴란드인의 반작용에 영향받은 것이기도 했다. 그러나 그럼에도 불구하고 이 수치들은 '농민 기업의 소멸' 이론에 명백한 반대를 제기하고 있다.

축산업에서 나타나는, 대기업과 대소를 보이는 소농 기업의 경영 능력에 관해서는, 실제 농장 경영자인 아르투어 슐츠Arthur Schulz 박사가 《사회주의 월보 Sozialistische Monatshefte》에서 대단히 주목할 만한 사실을 전하고 있다(《사회주의 월보》, 1909, 7권의 〈가축 사육과 축산에서 대기업과 소기업〉이라는 논문을 참조하라).

* (옮긴이주) 원문에는 475로 되어 있는데, 이는 명백한 오기이다. 분맥과 표에 니티난 증가 비율을 고려해 517로 정정했다.

** (옮긴이주) 20~50헥타르 미만의 범주에서도 '기업당' 경지 면적은 증가했다. 이 범주에서 총 경지 면적은 감소했지만, 기업의 수는 더 감소했기 때문이다.

41 (옮긴이주) 곧 본문에 언급되지만 세법 개정이 이루어진 것은 1891년이며, 베른슈타인이 《사회주의의 전제와 사회민주주의 과제》를 쓴 것은 1899년이다. 베른슈타인은 이 책에서, 세법 개정 이전과 이후의 소득 통계를 모두 사용해 비교하고 있다. 세법 개정 이후 시기의 자료만 비교하기에는 그 기간이 너무 짧아서 어쩔 수 없이 이렇게 해야 했음을 인정하고 있는 대목이다.

42 (저자주) 강연에서는 청중이 너무 많은 수치를 판별하느라 고생할까 봐 피했지만, 여기서는 보충할 수 있을 것이다. 6,000마르크 이상 소득을 지닌 대표적 세부 집단들은 다음과 같은 변화를 보여준다.

	1892	1907	증가(%)
평균 중부르주아: 6,000~9,500마르크	63,112	90,145	42.8
고위 중부르주아: 9,500~30,500마르크	40,618	79,630	96.1
대부르주아: 30,500~100,000마르크	6,665	17,109	156.7
부호: 100,000마르크 이상	1,780	3,561	100
	112,175	190,445	69.5

재산세('보완 조세')는 처음으로 부과된 1895년부터 1908년까지, 우리가 소유자층이라고 부르는 계층에서 비슷한 변화를 보여주었다.

	1895	1908	증가(%)
평균 부르주아 재산: 32,000~52,000마르크	162,262	203,818	25.6
고위 부르주아 재산: 52,000~200,000마르크	179,862	240,391	33.7
대부르주아 재산: 200,000~500,000마르크	29,373	43,336	47.5
부호: 500,000마르크 이상	13,631	21,002	54.1
	385,128	508,547	32.0

모든 집단의 증가율이 20퍼센트를 약간 상회하는 인구 증가율을 능가한다. 이러한 납세자 수의 증가의 일부는 좀 더 엄격한 평가 방법이 적용되면 영향을 받을지 모르나, 어쨌든 이러한 계층들이 감소한 게 아니라 증가했다는 사실은 반박의 여지가 없다. 현대 사회의 전체 발전이 이 사실을 입증하고 있다.

43 (옮긴이주) 이 모습은 아마 사다리꼴일 것이다. 베른슈타인이 갑자기 '아코디언'의 비유를 든 것은, 그 펼쳐진 모양이 사회 계층 구성과 비슷하다는 점, 아코디언의 수축과 이완이 느리다는 점과 관련해 사회 계층 구성의 변화가 점진적이라는 것을 함축적으로 나타내